アンガーマネジメント

経営者の教科書

ANGER MANAGEMENT

川嵜昌子

JN191407

総合科学出版

はじめに

アンガーマネジメントは、喜怒哀楽の感情を持つ存在、つまり人は誰でも知っておいたほうがよいノウハウですが、経営者のように影響力をもつ立場の人は現代ではとくに知っておいたほうがよいでしょう。

それは、単に「怒りで失敗しないように」という、防御的な理由からではありません。アンガーマネジメントの考え方を知り、習慣化できると、自分のあり方が変わり、どうでもよいこと、要らないものを手放せ、大事なことに集中できます。そして、人間関係もよくなるからです。

経営者の場合、経営、ビジネスで重要なことに集中でき、社内外の人たちが協力してくれ、成功につながりやすくなります。

ビジネスが成長、発展すれば、経営者や従業員のみならず、地域や日本あるいは世界経済に恩恵がもたらされます。経営者のもつ影響力は大きいのです。

経営者のあり方が変わりビジネスがうまくいった例として、私がまだアンガーマネジメントを知る前に興味をもったのが、アメリカ・シアトルのパイク・プレイス魚市場です。

ここを舞台にした研修用ビデオや本『フィッシュ！‐鮮度100％ぴちぴちオフィスのつくり方』（早川書房／2000年刊）、『魚が飛んで成功がやってきた‐FISH！の社長が自ら明かす活きのいい組織のつくり方』（祥伝社／2004年刊）が発売されています。

このパイク・プレイス魚市場は、魚を投げるパフォーマンスで有名な鮮魚店で、シアトルを代表する観光スポットのひとつですが、『魚が飛んで成功がやってきた』の本によれば、かつては「非常に険悪な雰囲気に満ちた職場」でした。

経営者は、日系2世のジョン・ヨコヤマ氏ですが、「私（ヨコヤマ氏）があまりにも怒鳴るので、店員が泣きだしてしまったこともある」「私が不満を抱えていると、パイク・プレイス市場中にそれが伝わった。当時の私は、感情をコントロールできないまま人を扱っていた」という状態でした。

経営はなかなかうまくいかず、倒産の危機にも見舞われます。

あるとき、ヨコヤマ氏の友人の夫であるビジネス・コンサルタントの申し出を半信半疑で受け、スタッフ・ミーティングをしているときに、「自分たちの考えていることがあまりにも小さいことに気づ」き、スタッフの「世界的に有名になってやろう」という考えを追及することになりました。

そして、まずは経営者があり方を変えることにしました。

魚市場には「魚は頭（ヘッド）から腐る」という格言があり、ヨコヤマ氏は「この魚屋のヘッドだったのは私（経営者）なので、周囲でいやな臭いがしたら、臭いの元は私ということになる。店によく起こる問題を、スタッフや他のビジネスの要因のせいにするのは簡単かもしれないが、実際にはわが社の企業文化をつくるのは私の態度なのだ」と認識しました。

それから、スタッフたちも次のように考え、「不機嫌」なあり方から「楽しく過ごす」あり方に変わります。

すなわち、職場に「不機嫌な態度をもちこんで、憂うつな一日をすごすこともできる。ふてくされてやってきて、仲間やお客にいやな思いをさせることもできる。あるいは明るいほがらかな顔であらわれて、一日を楽しくすごすこともできる。どんな一日を送るかは、自分で選べるんだ。それについてみんなでさんざん話しあって、どうせ仕事にくるなら、できるだけ楽しくすごしたほうがいいと気づいた」という考え方、あり方です。

私が会社員で、経営者向けビジネス誌の編集長、経営コンサルタントとして働いていたとき、うまくいっている経営者は「うまくいく考え方・あり方」を、うまくいっていない経営者は「うまくいかない考え方・あり方」をしているのではないかと感じていました。

この「考え方・あり方」と「結果」は、前者が先です。うまくいっているから、そのような考え方・あり方になったのではなく、「うまくいく考え方・あり方」だったからうまくいったのです。

その「うまくいく考え方・あり方」と、後で知った「アンガーマネジメントの考え方・あり方」、この2つは非常に近い存在だと気づきました。

いずれも、**何かよくないこと、問題が起きたときに、環境や人のせいにしない**ということです。そして、そのときに**自分ができることに集中する**というあり方です。

環境や人のせいにすると、環境や人が変わらないかぎり状況が改善しません。とくに、今の時点では変えられない「過去」にフォーカスを当てると問題は解決しません。腹を立て、恨み言を言っているあいだに時間が過ぎていきます。

今「現在」、これからの「未来」にフォーカスし、自分ができることに集中したほうが、状況が良くなり、問題が解決する可能性は高まります。

この本は、経営者一人ひとりにビジネスを成功していただくために書きました。

さあ、アンガーマネジメントを始めましょう。

川嵜　昌子

2019年　1月

『アンガーマネジメント　経営者の教科書』◎目　次

はじめに　003

CHAPTER 1
経営者ならではの怒り

甘っちょろいことは言っていられない　014
経営者と社員では立場がまったく異なる　016
社員には任せられない？　022
飼い犬に手を噛まれたという気持ち　024

CHAPTER 2
アンガーマネジメントとは

怒らないのではなく、上手に怒るノウハウ　028
こんな怒り方、思い当たる？　030
人は自分を守るために怒っている　034

怒る「理由」と「メカニズム」 036
イラッとしたときの3つのポイント 040

CHAPTER 3
経営者が意識を変えれば好循環する
よくないときのあり方が成否を分ける 048
人は何のために働くのか 052
経営者は夢を語ったほうがよい 056
「理念」「ビジョン」を社員や関係者と共有する 060
夢を「中期経営計画」に落とし込む 062

CHAPTER 4
社員が動くマネジメント
社員の利益につなげる 070
社員の基準で努力を評価する 072

まず経営者が社員を認めよう 074
社員は善人？　悪人？ 076
加点主義で「目標」が「楽しみ」になる 078
「働き方改革」に対応し優秀な人材を得る 080
「組織風土改革・意識改革」は難しい 086

CHAPTER 5

こんなとき、どうすればよい？──社員の人間関係

8割が「職場の人間関係」に難しさを感じたことがある 092
新人が次々に辞めていく管理職 096
指導とパワハラの違い 099
暴言は吐かないけれども追い詰める管理職 102
古参の女性社員の扱いが難しい 105
常識が通じない若手をどう叱る 108
怒られるのが恐い若手社員 111

社員のコミュニケーションがよくない？　113
一丸とならない、熱くならない組織　116

CHAPTER 6
こんなとき、どうすればよい？——経営者の憤り

優秀な人材の採用は地方では無理？　120
社員がなかなか定着しない　123
女性の戦力化は難しい？　126
社員に仕事を任せられない　129
社員が小ぢんまりしすぎ　132
経営者が声を荒げてもよい場合　138

CHAPTER 7
こんなとき、どうすればよい？——他人の怒り

怒る他人は変えられない？　142

ネットに事実と違うことを書かれた　144
よくお客様を怒らせる営業担当　147
お客様が怒る理由　150

CHAPTER 8

こんなとき、どうすればよい？——プライベート

息子に跡を継がせたいが……　154
妻が文句ばかり言いはじめた　157
会社員の夫とは分かり合えない？　160
身近な相手には６秒待てない？　164
経営者は孤独？　168

おわりに　170

CHAPTER 1

経営者ならではの怒り

甘っちょろいことは言っていられない

経営者に「アンガーマネジメント」という言葉を伝えると、次のように言われることがよくあります。

「売上を上げて、会社を継続させていくためには、社員を怒る必要があります。人は怒られないと動きませんから。アンガーマネジメントなんて甘っちょろいことは言っていられません」

「怒っているのではなく、叱っているのです。叱るというのは、相手のことを思い、成長のために、愛情をもって怒ること。怒鳴ったり、きつい言葉だったりするのはそれだけ真剣に叱っているということです」

経営者、とくに創業社長の場合、短気で怒りっぽく、社員や取引先に対して怒りの感情をあらわにする人が少なくありません。

経営者の怒りの理由は、社員が「指示通りに動かない」「一生懸命働かない」「なかなか成果を出さない」「いろいろなっていない」ことや、取引先のミスや遅れ、そのときの態度や対応に対してです。

怒ったら効果があるのかというと、怒り方によります。怒られた相手は謝るものの何を怒られているのか、どうすればよいのか、恐くて聞けなかったり、その場をやり過ごすのに精一杯だったりすると、改善に至らず、いつも同じことで怒ることになります。

一方で、先代からの社員に言いたいことも言えないという二代目社長や、「社員が辞めると困るから」と怒れない経営者もいます。当然、相手にこちらの考えや要望が伝わることはありません。

アンガーマネジメントは、怒らない人になるのではなく、怒る必要があることは上手に伝えるためのノウハウです。せっかく怒っても、こちらの考えや要望が正しく伝わらないと意味がありません。空回りにならないためにも、アンガーマネジメントを知っておく必要があります。

経営者と社員では立場がまったく異なる

そもそも経営者と社員では立場がまったく異なり、その違いから、仕事に関する価値観、考え方、自社に対する捉え方が違います。そのため、経営者は社員に対して、経営者的な価値観、考え方を求めることはできません。けれども、知らず知らずのうちに求めて、かなわず、怒りにつながっていることが多々あります。


まず、経営者と社員の大きな違いは、「給料」に関することです。

社員は決まった日に、決まった額の給料を受けとるのに対し、経営者はその給料を支払わなければなりません。

経営者は、会社の売上、利益、経営状況にかかわらず、給料や経費を支払う義務がありますが、それを社員は「当然」だと思っています。社員には、会社がどんな状況であっても当然のこととして、安定的に給料を払い続ける、ときには捻出する経営者の苦労はイメージできません。イメージできないため、感謝の気持ちもほとんど起きません。

社員にとっての給料は、あくまでも自分が働いた分の「対価」です。働いたら支払われるのが当然であり、安定した暮らしを送るため、社員になっているのです。

中小企業の経営者は、社員に対して「誰のおかげで暮らせているのだ」と思っていることが多々ありますが、社員にそんな意識はありません。社員は、むしろ、「自分(たち)のおかげで会社が回っている」と思っていたりします。

経営者が社員に対して「もっと一生懸命働いてほしい」と思う場合、社員の能力ややる気に関して期待過剰であることが少なくありません。

「そこまで期待しているわけではありません。せめて給料分は働いてほしい」と思われるかもしれませんが、それでも社員は「この給料で、そこまで働かなければならないのか」と思っていたりします。

経営者は、売上が上がらなければそこまで出せない、給料を上げるためにはもっと一生懸命働いてほしいと思うわけですが、社員にそういう発想はありません。

社員は、給料の額に関して、同業他社と比較します。業績を上げている会社が自社より高い給料を支払っている場合、「うちも業績が上がるよう頑張ろう」とは思わず、むしろ、「同じ仕事なのにうちは安い。自分たちは安く働かされて損をしている」と感じます。

社員のなかには、仕事はやらされているものであり、給料は「我慢料」と思っている人や、同じ給料で「一生懸命働けば働いただけ損」と考える人もいます。

このように「なるべく働かずに高い給料を得たい」という社員に対して、経営者が「なるべく少ないコストでたくさん働いてもらいたい」と思っても、噛み合うわけがありません。

さらに、経営者と社員で違うのは、「労働時間」に対する考えです。

経営者には、自らの「労働時間」という発想はありません。

休みでも、経営者は、基本的には24時間365日、自社や自社の経営にプラスになることを考えており、そのための行動は厭いませんが、それを社員に求めることはできません。

私が働いていた会社は、急成長をしているベンチャー企業だったので、社員にも「労働時間」という感覚は希薄で、早朝から深夜まで働き、休みの日でも仕事のことを考えている人ばかりでした。

休みにどこかのお店に行っても「この店は、こういう点が優れていて参考になる」「○○というお客様の商品を置けるのではないか」とか、「こういうことで困っていないか、従業員にヒヤリングしてみよう」と、仕事のことを考えていました。

しかし、この場合でも、社員は「自社全体」「自社の経営にプラス」になることを考えているのではなく、あくまでも「自分」「自部署」「自分（自部署）の仕事にプラス」になることを考えています。経営者とは視点が違います。

そして、一般的には、社員は「労働時間」内に決められた仕事をするのが基本で、「オン（仕事）」と「オフ（プライベート）」の切り替えをすることが望ましいと考えられています。

とくに、今の時代は「働き方改革」が求められており、残業や休日出勤はできるだけせず（させず）、「生産性を高める」という方向になっています。

しかし、ここでも、「時間内に効率的に働いてほしい」という経営者と、「同じ仕事を短時間でやるのは無理」「そんなことをしたら、残業代が出なくて損なうえに、さらなる効率化を求められてたいへん」という社員との意識の違いがあります。

社員はどうしても「時給」的な発想になります。すなわち、働いた時間の分、もっといえば、会社にいた分、タイムカードを押した分、労働時間と見なされた分、給料が出るという考え方です。頑張っても頑張らなくても、成果が出ても出なくても、時間を費やした分、給料が得られます。

それに対して、経営者は、あくまでも売上を上げ、利益を出さないと、お金は得られません。仕事を長時間しても、頑張って働いても、それだけで利益が出せるわけではありません。その感覚は、社員には分かりません。

加えて、社員は、基本的には仕事を与えられるものであり、仕事を生み出すものではありません。仕事を生み出すのは「経営者」の仕事です。

社員と経営者では、「給料」や「労働時間」に対する立場が違うので、仕事、会社に対する考え方、価値観も異なります。

私は、大学卒業後、東京でフリーランスの編集者とライターを半年ぐらいした後、出版社に編集者として入社しました。

最初にフリーランスとしてスタートしたので、社員になったとき、違いを感じました。フリーランスの場合、売上を上げる、そのための効率化という発想になりますが、社員の場合、効率化しても、自分の給料は変わらず、人の仕事が回ってきて、自分の仕事が増えることになります。ただし、社員は、経理や営業は他部署の人がやってくれ、外注もでき、外注費は会社が支払ってくれるのでよいと感じました。

その後、私は、企業向け情報サービスと経営コンサルティングを行なう会社に転職し、経営者向けビジネス雑誌の編集長や経営コンサルタントとして働きました。

私が入社したのは、その会社が創業4カ月目の時点でしたが、上場を目指すアグレッシブな会社で、実際に創業から9年で店頭公開、15年で東証一部上場しました。

社員に「いずれは独立して企業経営をしたい人」を積極的に採用していたことと、仕事の相手が経営者だったため、一般の会社よりも経営に興味をもつ人が多かったのですが、それでも、経営者と社員とは立場が違うと感じました。

社員には任せられない？

経営者と社員では、給料や仕事に対する考え方だけでなく、自社に対する責任感、危機感も異なり、真剣みも違って当然です。それでは、社員にはたいしたことは任せられないのかというと、そんなことはありません。

経営者が、自社と自分は同じ（自社＝自分）と捉え、自社のために頑張るのに対して、社員は、自社と自分は違う（自社≠自分）と捉え、自社よりも自分のために頑張ります。ですから、経営者は、社員が自分のために頑張ることが自社のためになるようにすればよいのです。すなわち「社員の成長」が「自社の成長」になる仕組みです。

社員には、経営者には見えていることが見えていませんし、情報量も違います。経営者が社員に期待していることやそれを実現する方法、何をどう改善すればよいのかなども分かっていません。

そのため、経営者や上司が、社員や部下に、単に「もっと考えて仕事をしてほしい」「やる気を出してほしい」「指示を待たずに自発的に行動してほしい」と言っても、具体的にどうしたらよいか分からず、その気にもなれず、行動できません。

経営者は、社員に何をどういう方法で、どのようにやって、どういう結果になればよいのか理解してもらい、それができる仕組みを作り、フィードバックする必要があります。

経営者の悩みは大きく分けると、次の3つに関連しています。

「売上（利益）」「資金繰り」「人材」

「売上」を上げるには、経営者が一人で頑張るより、社員に力を発揮してもらったほうがよいし、「資金繰り」を良くするためには、売上を上げ、経費を削減することはもちろん、営業担当者が売上代金を早く回収し、経理担当者が資金繰り表を作り、アラームを鳴らしたほうがよいのです。結局のところ、「人材」が鍵となってきます。

飼い犬に手を噛まれたという気持ち

「人材」に関して、どういった人を採り、どう教育するかは、経営者にかかっています。

経営者は、なるべく優秀な人を採用したいと思っていますが、そんな人はなかなか見つかりません。大都市の大企業に行ってしまうからです。

その結果、地方の中小企業は「もはや優秀な人は求めていません。募集してもまったく人が来ないので、来てくれれば普通の人なら誰でもいいのです」というほどの人材難に陥っています。

そして、比較的優秀な社員や、育ててようやく一人前になった社員が、辞めてしまうということも起こります。

社員、とくに優秀な人が抜けると、仕事が回らなくなり困ります。その人に依存していた仕事が止まってしまうこともあります。

経営者にすれば「飼い犬に手を噛まれた」気持ちかもしれませんが、社員からすれば、自分が成長した分、よりよい会社に転職したいのは当然です。給料や待遇がよい会社、将来性のある会社、興味のある仕事ができ、自分の可能性を伸ばしてくれそうな会社のほうがよいに決まっています。

さらに実力がある人は、他の会社に引き抜かれますし、独立して自分でやっていくこともできます。

経営者は「育てた」という意識でも、社員は「育てられた」とは思っていません。あくまでも自分の努力で成長したと思っています。

経営者は「裏切られた」と腹立たしい気持ちになるかもしれませんが、ある程度仕方のないことでもあります。

むしろ、人材が育つと離れたくなる会社の環境に問題があるとも言えます。

優秀な人材が定着し、さらに優秀な人材を呼び込む環境にするか、普通の人が少ない人数でも回していける仕組みにする必要があります。

経営者が社員や経営環境に対して腹を立てている場合、問題は、社員や経営環境にあるのではなく、そういう状況にしてしまっている経営者に問題があると考えたほうが改善の余地があります。

「はじめに」で紹介した「魚は頭（ヘッド）から腐る」の考え方です。

「よく起こる問題を、スタッフや他のビジネスの要因のせいにするのは簡単かもしれないが、実際にはわが社の企業文化をつくるのは私の態度なのだ」

そう捉えれば、打つ手があります。

そもそも経営者ほど自社に人生を賭けている人はいません。自社に対して熱意をもち、力を発揮できる立場の人もいません。

言うまでもなく、自社の未来は経営者にかかっています。

CHAPTER 2

アンガーマネジメントとは

怒らないのではなく、上手に怒るノウハウ

アンガーマネジメントは、１９７０年代にアメリカで始まった、怒りの気持ちと上手に付き合うための心理トレーニングです。

怒らないことが目的ではなく、怒りで後悔しないことが目的です。

経営者が、たとえ社員の成長を思い愛情をもって叱ったとしても、怒り方によってはその思いも、何で怒っているのかも相手には伝わりません。こちらの思い通りに相手は動かず、何も改善されず、逆に、恨みを買うこともあります。社員だけでなく、相手が自分の子供の場合も同様です。

怒られた相手は「自分を否定された」という思いしか感じていなかったりします。それに対して、「なんで分からないのだ」と、さらに怒っても、相手に分かるようにはなりません。

そうかといって、怒る必要があるときに怒らないのも、大切なことや気をつけなければならないことが相手に伝わりません。

怒らないと、場合によっては「自分には関心がなく、大事だと思っていないのだな」「無視されている」と、受け取られかねません。

アンガーマネジメントでは、怒りの感情を自然な感情のひとつであり、怒らない人はいないし、なくすことはできないと捉えています。

アンガーマネジメントは、怒りを感じたときに、何を言うか言わないか、言うのならどう言うか、何をするかを考えて行動するためのものです。

怒ったほうがよいことは「上手に怒る」、すなわち、人を傷つけず、自分を責めず、物を壊さずに伝えるようにします。

ちなみに、アンガーマネジメントでは、「叱る」ことに対して、国語的な意味、「目下の者を怒る」、上司が部下を、先生が生徒を、親が子を怒るということでしか捉えていません。どんなに相手のために愛情をもって叱っても、叱り方がよくなければ伝わりません。

こんな怒り方、思い当たる？

アンガーマネジメントでは、怒ることは自然なことであり、悪いこととは捉えていません。経営者が社員に対して怒ることも、もちろん問題ありません。

しかし、怒りの気持ちがエスカレートし、本人も周りの人も振り回される状態は問題と見なしています。

問題となる4つの怒りは、次の通りです。思い当たるものはありませんか？

1　強度が高い――怒鳴る、瞬間湯沸かし器

小さなことでも強く怒る傾向です。「瞬間湯沸かし器」といわれるタイプの怒り方です。それまでにこやかにしていても、社員や誰かの一言で突然怒り出します。いわゆる「キレる」のです。

怒鳴り、激しい口調で相手に怒りをぶつけます。たとえ自分が誤解していて、相手

がその説明をしていても、相手が謝っていても、聞く耳を持ちません。自分がすっきりするまで怒りをぶつけます。ときには、怒りをぶつけられた相手も逆上して、言い争いになることもあります。

相手に対して「そこまで言わなくても」ということを言うので、社員の場合は、会社を辞めたり、辞めなくても心が傷ついたりします。取引先の場合、取引がなくなることもあります。

怒った後、「大人気なかった」と反省することもありますが、怒ったことをすぐに忘れてしまう人が多く、何度も繰り返します。

しかし、怒りをぶつけられた相手、とくに誤解されて怒られたり、説明を聞いてもらえなかったりした相手はいつまでも覚えています。仮に相手に落ち度があったとしても、「なぜ自分がそこまで言われないといけないのか」と、憤りを感じています。

怒りをぶつけられた社員や取引先の担当者は、この経営者や会社のために働こうという気持ちがなくなります。

この怒り方は、心臓や脳に負担がかかり、健康にもよくありません。

2　持続性がある――ねちっこい

過去にあったことを思い出して、腹を立てる傾向です。

「君は以前こうだっただろう」と、突然思い出して腹を立てます。かなり前のことでも、相手がそこにいなくても、思い出しては「あれは許せん」と不機嫌になり、今のことのように怒ります。過去のことを根に持ち、恨みとなってしまっている状態です。

いつまでも怒りをぶつけられる側もたまりませんし、腹を立てる本人も精神的によくありません。

3　頻度が高い――いつもイライラ

いつもイライラしている傾向です。

「どいつもこいつもなっていない」と、つねに怒りをまき散らしています。

こういう経営者の場合、会社にその経営者がいると、緊張感が走り、社員は腫れ物に触るような扱いをするか、逆にその状態に慣れてしまって、どんなに経営者が怒ろうが、社員は一切聞いていないかのどちらかです。

前者の場合、大切なこと、とくに伝えるとまずそうなことは経営者には伝えない隠蔽体質になります。後者の場合、経営者が大切だと思うことも伝わらなくなり、いずれにしても、会社にとってはよくない状況になります。

4　攻撃性がある――矛先は、他人、自分、物

腹が立ったとき、「人を責める」、もしくは「自分を責める」「物を壊す」傾向です。

「人を責める」場合、腹が立った相手のほか、関係のない相手に八つ当たりすることもあります。暴言を言ったり、暴力を振るったりします。

「私は、怒鳴ったりせず、冷静に相手に伝えている」という場合でも、否定的な発言で相手を心理的に追い込んでいることがあり、これも「攻撃」です。さらに、冷静な言い方でも、解雇や降格をちらつかせるなど社員としての地位を脅かす発言や脅迫、名誉棄損、侮辱であれば、「パワハラ（パワーハラスメント）」と見なされます。

これらの4つに当てはまる怒り方は、せっかく怒っても相手に伝わらず、むしろ、相手を敵に回してしまい、意味がありません。

人は自分を守るために怒っている

そもそも人はなぜ怒るのでしょうか？

怒りは、身を守るための**「防衛感情」**だと考えられています。敵に襲われそうになったとき、戦うのか逃げるのか、一瞬で判断して行動に移すための機能が、怒りのルーツだと言われています。

アドレナリンが放出され、心臓がドキドキして血流がよくなり、全身に力が漲り、すぐに動ける状態になります。

命の危険のみならず、むしろ、現在では「心の危険」から身を守る働きを持っています。

たとえば、社員が「指示通りに動かない」「一生懸命働かない」。

それに対して、経営者の立場、威厳、指導力、会社の今後が脅かされていると、「心の危険」を感じたのかもしれません。

怒りは**「第二次感情」**とも言われます。

怒りは氷山の一角のようなもので、水面下には**「第一次感情」**が潜んでいます。不安、心配、つらい、苦しい、嫌だ、寂しい、悲しいなどのネガティブな感情です。

社員が「指示通りに動かない」「一生懸命働かない」のは、経営者の立場が損なわれるだけでなく、会社の売上が上がらず、思った通りに会社が回らなくなる由々しき事態です。

そういった事態に対するネガティブな感情（第一次感情）が、怒り（第二次感情）を生んだのでしょう。

私たちが腹を立てるとき、体調が悪い、さまざまなストレスなど、既に第一次感情が溜まっている場合も少なくありません。

「怒り」は氷山の一角

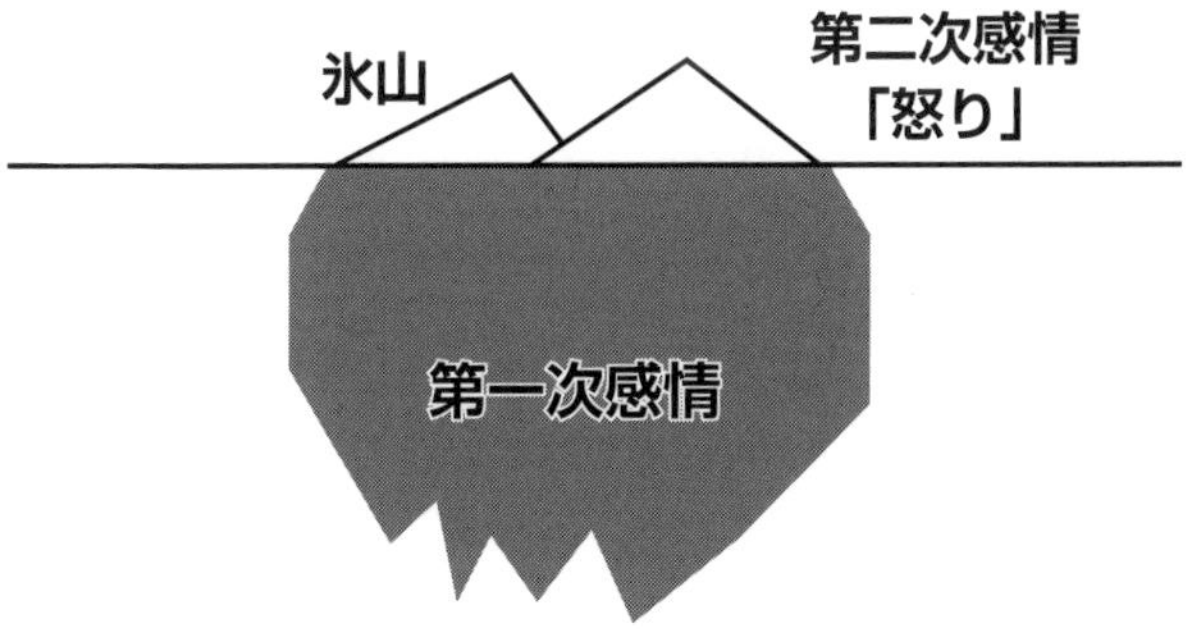

怒る「理由」と「メカニズム」

怒りは、自分の身を守ろうとする「防衛感情」ですが、守ろうとしているものは、自分が大切にしている考え方や価値観で、「**べき**」という言葉で言い現わせます。

すなわち「こうある**べき**」「こうする**べき**」と自分が信じている「常識」「当然」です。

たとえば、「時間は守る**べき**」「約束は守る**べき**」「社員はこうある**べき**」「仕事はこうある**べき**」などです。

あるいは「こうあってほしい」と思っている「期待」「理想」です。

怒る理由

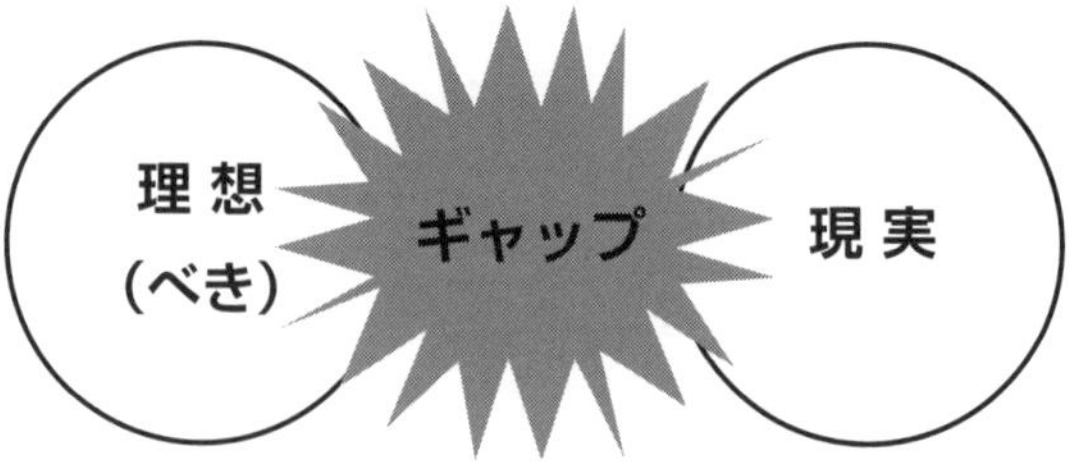

それらに対して、現実はそうなっていないと感じるとき、「理想（べき）」と「現実」の「ギャップ」に対して、ネガティブな気持ち（第一次感情）を感じ、怒りにつながります（右の図）。

さらに、出来事をどう意味づけるかで、怒りにつながったり、つながらなかったりします（下図）。

誰かに「こんにちは」と挨拶をしたのに返事がなかった場合、「無視した」と意味づければ、怒りを感じますが、「気づかなかった」と意味づければ、怒りは感じません。

社員は「指示通りに動くべき」「一生懸命働くべき」という「べき」に対して、経営者はそうなっていないと意味づけたから腹が立ったのです。

「べき」は、その人がこれまで生きてきたなかで学んだ、その時点における、その人にとっての

「怒り」が生まれるメカニズム

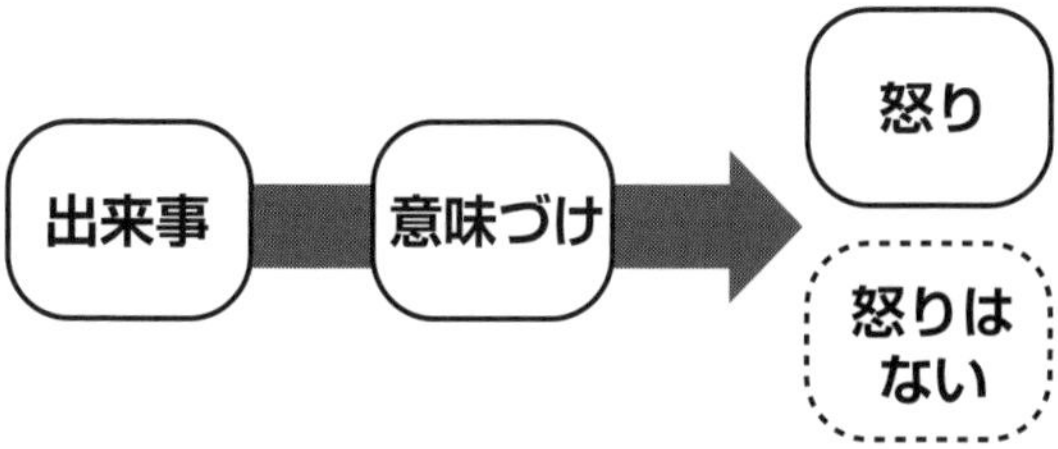

重要なことなので、もし、現実がそうなっていないと思えば、許しがたい気持ちになります。

怒っている人がよく「信じられない」と言うのは、その人の「常識」「当然」が守られていないことに対する憤りの気持ちです。怒っているときには、「自分の常識」が、「みんなの常識」「世の中の常識」というぐらいの気持ちになっています。

怒っている人は、怒っているとき、「自分が正しくて、相手が間違っている」と思っています。常識とまではいかない「期待」であっても、期待に応えない相手が悪いと思っています。

しかしながら、実際には**「べき」も「意味づけ」も一人ひとり違います。**

生まれ育った環境も、仕事におけるキャリアも、さまざまなことが一人ひとり違っているため、価値観、考え方、常識も異なっていて当然です。

経営者には、社員が「一生懸命働いていない」と感じられても、社員は「一生懸命働いている」と思っていることもあります。

私たちは、怒っているとき、あくまでも自分の「べき」と「意味づけ」で怒っているのです。

そのため、誰かが怒っているとき、なぜ怒っているのか、他の人には理解できないこともあります。

「そんなこと、常識だろう」と言われても、お互いの常識が違っていると、分かりません。

「お前が悪い。よく考えろ」などと言われても、何が悪いのか、なぜ悪いのか分からず、言いがかりをつけられている気分になってしまいます。

誰かに怒られるということは、ある意味、急に戦いを挑まれ、その人の価値観、考え方を押し付けられることにもなりかねないので、それに対して、相手も自分を守るために戦いを挑んできたり、逃げてしまったりすることもあります。

前者は、いわゆる「逆ギレ」です。相手も自分を守ろうとしているのです。

逃げる場合、たとえ相手がその場にいて謝っていても、心が逃げていて、言っていることを理解していない、納得していないことがあります。

イラッとしたときの3つのポイント

アンガーマネジメントのテクニックには、その場ですぐにできる「対処法（短期的）」と、時間をかけた「体質改善（長期的）」とがあります。また、いずれも「行動」を変えるものと「意識」を変えるものがあります（下図）。

私が所属している一般社団法人日本アンガーマネジメント協会では、アンガーマネジメントのたくさんのテクニックのなかから、ひとまずこれだけ覚えておいて実行すればよいという3つのポイントを挙げています。1、2、3の順番に実行します。

アンガーマネジメントの基本的な方法

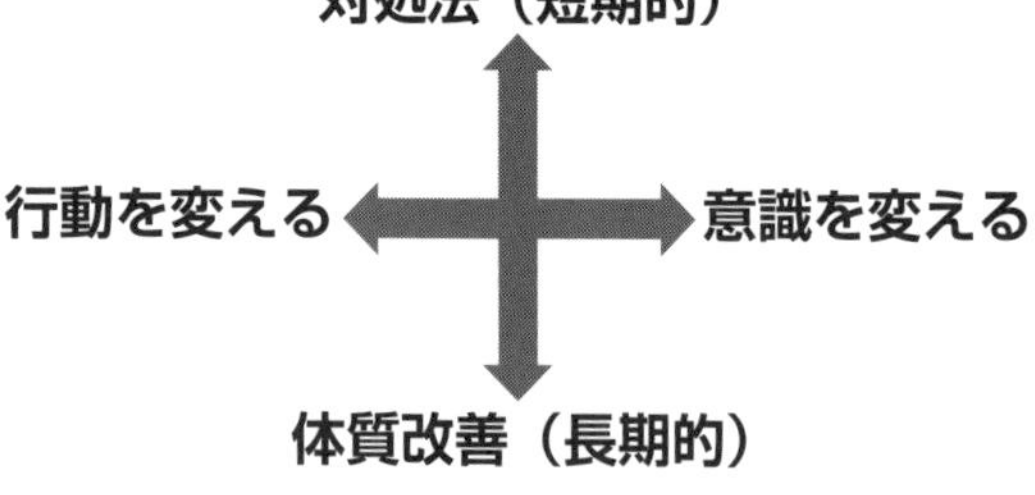

1 **衝動のコントロール**
カッとなったときに、最悪の事態になることを防ぎます。

2 **思考のコントロール**
少し落ち着いたら、許容可能かどうか考えます。

3 **行動のコントロール**
2で許容できない範囲の場合、行動を決めます。

1 衝動のコントロール――6秒

カッとなったら「6秒待つ」というのが、最初のポイントです。

怒りの感情のピークは「長くて6秒」という説に基づき、この間は余計なことは言わずせず待ちます。

怒りのピーク時は、ある意味「臨戦態勢」、すぐに戦えるモードに入っています。

つい余計なことを言ったりしたりすると、相手も応戦し、「売り言葉に買い言葉」

になり、やがて手が出るなどエスカレートしがちです。

暴言暴力で最悪の事態になることを防ぐために6秒待ちましょう。

6秒待ってもまだ怒りの気持ちは残っているかもしれませんが、幾分か落ち着いた対応ができるようになります。


6秒待つための方法として、「ゆっくり数を数える」「深呼吸する」「別の何かに集中して気をそらす」「落ち着く言葉を心の中で唱える」などがあります。

「臨戦態勢」を解除するために、全身の力を抜き、ゆっくり大きく呼吸して、リラックスしてください。


怒鳴りやすい人は、声を出さず、まず息だけを大きく吐いてください。深呼吸と同じですが、溜まった気持ちを息として吐き出すことで、気持ちが落ち着きます。

落ち着く言葉は、「短気は損気」「大丈夫」「落ち着け」「試されている」「私は沈着冷静な経営者」ほか、平常時によさそうな言葉を考えて、試してみてください。

2 思考のコントロール——三重丸

6秒待って少し落ち着いたら、下の図のような三重丸をイメージしてみてください。

私たちが怒る理由は、自分の「べき」と「現実」とのギャップですが、この三重丸は、それらの関係を表わしています。

三重丸で、一番内側の丸「1」は、現実が、自分の「べき」と同じ、理想通り、期待通りの状態です。腹は立ちません。

二番目の丸「2」は、自分の「べき」と少し違うが許容可能な範囲です。理想、期待とは少し違いますが、まあ許せるゾーンです。

一番外側の丸「3」は、自分と違う、許容でき

三重丸

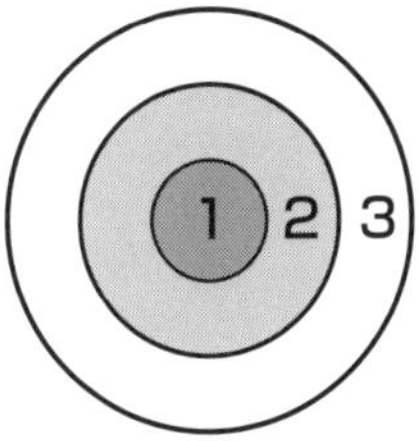

1 自分と同じ
2 少し違うが許容可能
3 自分と違う許容できない

ない範囲です。許せないので、怒りにつながります。

怒っているからには、一番外側の丸「3」の範囲として捉えているはずですが、「2」として考えることはできないか、検討してみてください。

それぞれの人の「べき」は、その人らしさ、個性でもあります。自分にとって自分の「べき」が大切なように、相手にとっては相手の「べき」が大切です。

自分の人生にとってそれほど大切ではないことは、「2」の範囲を拡げて「そういうこともある」「そういう人もいる」と捉えたほうが、穏やかに過ごせます。

重要なこと、仕事に関することは、「2」の境界線を安定させ、具体的に伝えるようにしたほうがよいでしょう。

「2」の境界線を安定させるとは、そのときの気分や相手によって「2」の範囲を拡げたり狭めたりしないということです。

具体的に伝えるとは、多くの人に同じように伝わる言い方です。

たとえば、「早めに来て」「ちゃんとした格好で」「締め切りは急いでないよ」ではなく、「15分前までに集合」「スーツで来て。男性はネクタイ着用で」「締め切りは来週月曜日の17時」という言い方です。

3 行動のコントロール――分かれ道

「三重丸」で「3」になったとき、すなわち許容できないときは、行動を決めます。

その際、そのことが「重要」かどうか、その状況を、自分が「変えられる（コントロール可能）」かどうか、2つの軸、4つのケースに分けて考えます（下図）。

これら「重要」か「変えられる」かの判断には正解があるわけではありません。自分がそう思うかどうかです。

まず、左上、「重要で、変えられる」場合、変えるための努力をします。重要なので、今す

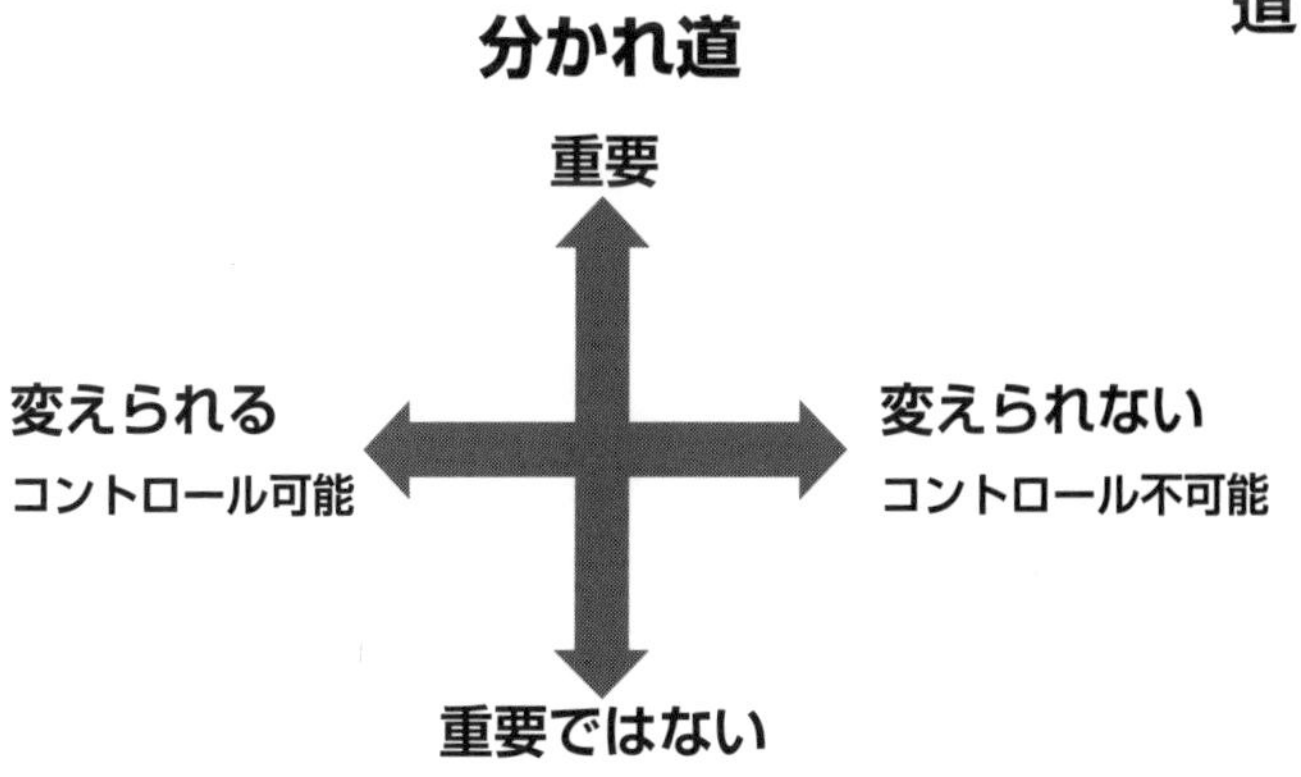

ぐ行動したほうがよいでしょう。
次に、左下、「重要でなく、変えられる」場合、余力があるときに変える努力をすればよいでしょう。
どちらの場合も、いつまでにどの程度変わったら気が済むのか、どう行動するかを決めて動きましょう。

さらに右上、「重要で、変えられない」場合、変えられないことに執着せず、今できることを探しましょう。

たとえば、過去のことや自然界の法則などは変えられません。昨日の飛行機に乗ることや、雨を止ませることはできません。けれども、別の方法で、もともとの目的にかなう行動をとることはできます。

変えられないことにずっと腹を立てていないで、今できることに頭を切り替えたほうがよいでしょう。

右下、「重要でなく、変えられない」場合、放っておきましょう。
今度から腹が立ったときは、この3つのポイントを実行してみてください。

CHAPTER 3

経営者が意識を変えれば好循環する

よくないときのあり方が成否を分ける

私は、経営者向けビジネス雑誌の取材と、経営コンサルティングで、5千人以上の経営者とお会いしています。

最初にお会いしたのは、雑誌の取材で、成功している経営者や急成長している注目の経営者です。

雑誌の読者である経営者に役立ててもらうため、成功や急成長の理由、方法が明らかになるようさまざまなことを聞きます。

その結果、成功している多くの経営者が決して順風満帆だったわけでも、いきなり成功したわけでもないことが分かりました。試行錯誤しながら一つひとつ積み上げていくなかで、飛躍のチャンスにつながる「ティッピング・ポイント（転換点）」が何回か訪れ、成長してきた、さらに、成長が続いているように感じられました。

次にお会いしたのは、銀行の経営相談会や直接相談に来られた、地方の名士的な経営者や後継者、新規事業を考えている経営者、ビジネスの拡大を目指しているベンチャー起業家、若いＩＴ起業家、逆に経営に行き詰っている経営者など、さまざまな方です。

既に経営が安定していて、次の世代にどう引き継いでいこうかという方もいれば、新しい事業を拡大する方法に関してアドバイスを求める方もいます。事業内容や商品、サービス、社員や組織、制度、その他、さまざまな課題に関しての相談があります。

さまざまな経営者の話を聞いていくなかで、**うまくいかないとき、よくないときの経営者のあり方が成否を分ける**と感じました。

経営は、うまくいくときもあれば、そうでないときもあります。なかなか思い通りにいかないことや、何らかの問題が発生することは多々あります。災難に巻き込まれることもあります。

うまくいかないとき、よくないときは、誰でも多かれ少なかれネガティブな気持ちになります。不安、疑問、焦り、つらさ、苦しさ、疲れ、自信喪失、逃げたい気持ちになり、そこから怒りも湧いてきます。

そんなとき、その状況をどう捉え、どのような態度で、どう対処するかによって、事態はよい方向にも悪い方向にも向かいます。


経営者が、不機嫌そうな態度でいたり、社員や周囲に怒りをぶつけたりすれば、社員や関係者はそこから離れたい気持ちになり、やる気も失われます。うまくいくこともうまくいかず、さらによくない状況を引き起こします。

逆に、経営者が、自分たちの本気度や実力が試されていると捉え、社員を鼓舞し、一丸となって知恵を絞り、懸命に動けば、よい方向に進みます。


ある経営者は、危機に瀕すると、「楽しくなってきた」と思うようにし、社員にも「ここは難関ポイントだ！　さあ、頭を使ってクリアだ！」などと言い、社員も「そろそろ本気を出すか」などと返すそうです。

「フィールドアスレチックやアトラクションだと思えば、本当に楽しくなってくる」「『笑う門には福来たる』は事実です」とのことです。

成功している経営者は、「私は運がよい」「そこまで頑張っているわけではない」とよく言います。

客観的に見ると、問題が発生したり、うまくいかなかったりしている割合が低いわけではなく、とくに「運がよい」ともいえませんし、継続的にさまざまな努力をしており、決して「頑張っていない」ことはありません。

出来事をどう意味づけるかで、怒りにつながったり、つながらなかったりすると書きましたが（P37）、成功している経営者は、他の人からすると「問題」「努力」であっても、それらを、ある意味、「楽しみ」と意味づけている節があります。

そして、これまで問題をクリアしてきた「私は運がよい」と思っていますし、継続することも結果が出ていることも楽しいので、「そこまで頑張っているわけではない」と思っています。

それらの問題解決、努力を、誰かからやらされているわけではなく、自分が本当にやりたいことのためにやっているので、「とくに努力しているわけではない」と感じるのです。一般の人が「趣味」に没頭している時間を「とくに努力している」と感じないのと同じようなものです。

人は何のために働くのか

物事がうまくいかないとき、「問題」を「楽しみ」にすることは難しいかもしれませんが、**「今できることを探し、それに集中すること」**は、意識し、トレーニングすれば、できるようになります。これは、腹が立ったときの「行動のコントロール」（P45）の考え方です。

うまくいかないことを、人や環境のせいにして、「あれもこれも、どいつもこいつも気に食わない」と、さまざまなことに腹を立て、不運を呪っても、うまくいくようにはなりません。

そもそも経営者であるあなたは、なぜ独立して、あるいは家業を継いで経営者となり、現在の事業を行なっているのでしょうか。

独立せず、社員としてずっと働くという選択肢もあれば、家業であっても「継がない」という選択肢もあったと思います。

自分の「選択」と「決断」で今に至っているはずです。そして今も、これからも、事業に関して何をどうするのか、自分で選び、決めることができます。

経営者の場合、「マズローの欲求階層説」（下図）でいうと、「生理的欲求」「安全の欲求」、すなわち、自分が毎日食べることができて、安全に暮らせればよい、そのためのお金が得られればよいというだけで事業を行なっている人は少ないはずです。

自分の能力を発揮して、何かを成し遂げたいという「自己実現欲求」で事業を行なっている方が多いのではないでしょうか。

マズローの欲求階層説

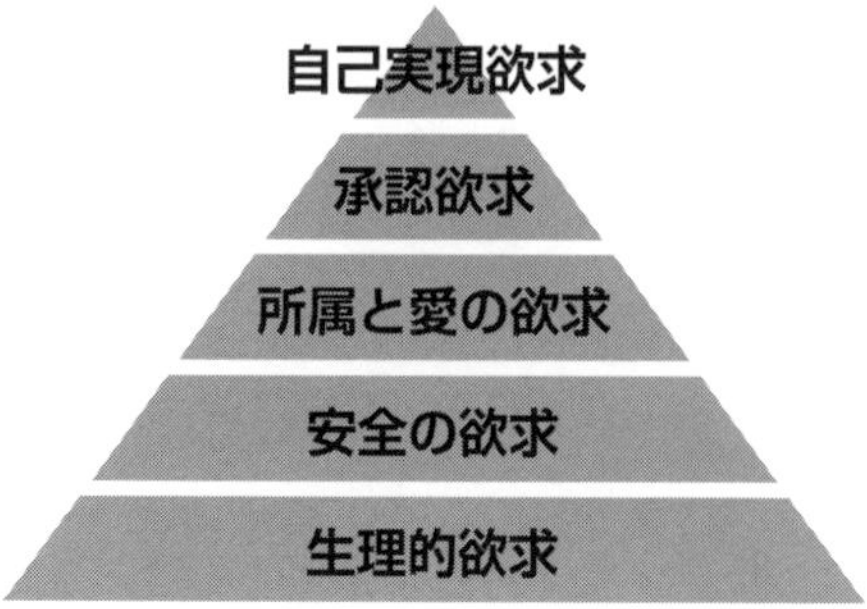

一方で、社員はなぜその職場で働いているのでしょうか。

社員も自分の「選択」と「決断」で今に至っていますが、働いている会社やその事業に対する経営者ほどの覚悟や責任感は当然ありません。

社員の場合、基本的には、自分や家族が毎日食べることができて、安全に暮らせればよい、そのためのお金が得られればよいというのが大前提です。「マズローの欲求階層説」でいうと、「生理的欲求」「安全の欲求」です。

さらに、職場での人間関係がよく、和気あいあいと働ければよいという「所属と愛の欲求」、自分の働きが認められればよいという「承認欲求」、さらに成長できればよいという「自己実現欲求」は、それぞれの社員が仕事、職場に対して求めることと、職場の環境によって異なります。

そして、単に「お金」のために働く職場よりも、「所属」するのが楽しく、「承認」されるのが嬉しく、「自己実現」できそうな職場でのほうが、社員はやる気を出して働け、定着します。

イソップ寓話に「3人のレンガ職人」の話があります。

旅人が、町外れの道を歩いていると、3人のレンガ職人に次々に会うという話です。最初のレンガ職人は、毎日レンガを積む自分の仕事に対して「まったくついてない」と嘆きます。次のレンガ職人は、レンガを積むことにより「大きな壁を作っている」、この仕事のおかげで「家族全員が食べていける」と言います。最後のレンガ職人は「歴史に残る偉大な大聖堂を造っている」「素晴らしいだろう」と言います。同じ仕事をしているのに、どう捉えるかによって、自分の役割や仕事の価値、モチベーションも変わるという話です。

この話で言うと、経営者は「大聖堂を造っている」という意識で事業をしている人が多いと思いますが、社員のなかには、レンガ積み（仕事）をやらされていて、「ついてない」と思っている人もいるはずです。

経営者は、社員に「大聖堂を造っている」ことを伝えたほうがよいですし、「所属と愛の欲求」「承認欲求」「自己実現欲求」が満たされる職場にしたほうが、社員のためにも会社や経営者のためにもなります。

経営者は夢を語ったほうがよい

先ほども書きましたが、経営者であるあなたは、なぜ現在の事業を行なっているのでしょう。そして、先々、会社をどうしていきたいと思っていますか。

売上、利益を上げたい。

それは事業を続けていくために必要なことであって、目的ではないはずです。もし、経営者が、自分の儲けだけが目的で、それればかりを考え行動していれば、社員にもお客様にもそのことは伝わり、社員が一生懸命働くわけもなく、お客様も離れていくでしょう。

会社が何を目指しているのか、将来どこへ向かうのか、会社の理念、ビジョンが分かり、共感できれば、社員のモチベーションは高まります。

先ほどのレンガ職人の話なら「歴史に残る大聖堂を造る」事業の一員として、まさに自らの手で日々「歴史に残る大聖堂を造っている」という価値に対して、モチベーションが高まり、満足感が得られます。

「何の仕事も一緒。つらいだけ」としか思わない社員や、「給料が得られれば、会社に興味はない」という社員よりも、「会社の理念、ビジョンに共感して、ともに未来をつくるために働きたい」という社員に働いてもらいたいのなら、経営者は「夢」を語る必要があります。

「自分はこのために事業を行なっている（理念）」「今後こうしていきたい（ビジョン）」ということに対して熱く語り、そのために日々努力を重ねている経営者に対して、社員は「その夢を一緒に実現したい」と、周囲は「自分も助けたい」と思うのではないでしょうか。

まず、何のために事業を行なっているのか、事業の目的である「理念」について、改めて自問自答してみてください。

経営者のあなたは、事業を通じて、「どんなお客様に、どんな商品・サービスで、どんな価値、喜びを提供したい、もしくは、お客様のどんな問題（悩み、不安、不便）を解決したい」のでしょうか。現在でも将来でも構いません。

そして、あなたの商品・サービスの大ファンで、「どんどん人に紹介したい（実際に紹介している）」「お金を使う価値がものすごくある」と言っているお客様は、どんな人ですか。あるいは、どんな人だったらよいですか。年齢、性別、職業、年収、その他の特徴があれば教えてください。


大ファンの人たちは、どのように絶賛していますか。

あなたの「商品・サービスのここが最高」。どこですか。

「使うと、こうなって最高」「使うと、私のこんな悩みがこのように解決されて素晴らしい」。どうなって最高、どんな悩みがどのように解決されると言っていますか。

「こういうところが、他の商品・サービスと比べて、たいへん素晴らしい」。どういうところですか。

これらは、私がコンサルティングもしくは講座で、経営者や独立を考えている人たちに考えてもらっていることです。

すなわち、お客様は「どんな誰」で、その人たちに「どんな価値を提供するのか」が明確になれば、それが事業の目的、つまり、「理念」のコア（核）と言えます。

さらに、その事業に関して、「どんな人たち（社員、仲間）と一緒に夢を実現したい」か。その人たちが、あなたの事業に関わることで、経済的安定と充実感と人間的な成長を得られるためにはどうしたらよいかも考えてみてください。

今後どうしていきたいかという「ビジョン」に関しては、5年後の「理想の姿」を描いてみてください。

5年後の組織図を書いてみるとよいでしょう。どんな部署、事業部があり、どんな人が働いているでしょうか。支社、支店はありますか。また、5年後の会社案内に載せることを書いてみてください。キャッチフレーズは何ですか。

経営者自らがワクワクできる「夢」「理想像」を描いてください。

「理念」「ビジョン」を社員や関係者と共有する

経営者が描いている「夢」「理想像」は、見える形にして、社員や取引先、お客様など関係者に共有し、広く浸透させていきましょう。

会社の「理念」、すなわち、事業の目的、事業を通じて実現したいことは、分かりやすい言葉、キャッチフレーズにし、名刺や会社案内、Ｗｅｂサイトなどに入れるとよいでしょう。

抽象的な言葉ではなく、ある程度具体的でありながら、時間が経過し、時代が変わり、事業内容が変わり、拡大発展しても使えるもの、いつも立ち返れるものにしたほうがよいでしょう。

キャッチフレーズなどは、他社のものを参考にしながら、自社らしい要素を入れると作りやすいです。社員が、その言葉、キャッチフレーズに対して、誇らしく感じられるかも考慮してください。

「理念」を作ったら、それに沿った「行動指針」を作ってもよいでしょう。行動指針は、理念を実現するために目指すべき行動のあり方を文にしたものです。制約的なものではなく、むしろ、社員がプライドをもてるものにしたほうがよいでしょう。これも他社の事例を見ながら、ピンとくるものを作ってみてください。

さらに、5年後の理想の姿である「ビジョン」ですが、文字だけでなく、絵や写真、地図などで、多くの人がイメージを描けるようにしたほうがよいでしょう。

人は、自分の働き、努力が何の役に立っているのか、分からない状態では、なかなかやる気にはなれませんし、やりがいも感じられません。「このために」というもの、うまくいかないときの支えになる夢、希望があったほうが頑張れるものです。

経営者の夢を社員や周囲の人が信じて、一緒に実現したいと思ったとき、それは皆の夢となってより大きく花開くことができるのです。

夢を「中期経営計画」に落とし込む

経営者が怒りを感じているとき、とくに怒りを感じるのが常態化しているとき、独立起業して、あるいは家業を継いで「これからこうしたい」と思った、「未来」に対する気持ちをすっかり忘れていることが少なくありません。

レンガ職人の話の「歴史に残る大聖堂を造る」など、価値ある事業を行なえるのが、経営者の醍醐味です。経営者が、目先のことに追われ、最初のレンガ職人のように「まったくついてない」と言い出したら、社員はそんな会社でずっと働きたいと思うでしょうか。もっと「夢」や「希望」が感じられる職場で、「安心」して働きたいと思うのではないでしょうか。

急成長している経営者、ビジネスの拡大を目指しているベンチャー起業家、ＩＴ起業家は、目をキラキラさせて、満面の笑みで今後について語ります。

経営者が、ワクワクできる未来の姿、「ビジョン」を語ることによって、社員や周囲に「希望」や「やる気」が生まれます。

さらに、そのビジョンが、単なる夢物語やハッタリで終わらず、近い将来「現実」になると思ってもらえれば、社員に「安心」して「楽しく」働いてもらうことができます。

5年後の「理想の姿」を描いたら、それを実現するために、計画（中期経営計画）を立ててみてください。

計画を立てることで、次のようなメリットがあります。

・客観的に自社や自社の商品、サービス、業界等を捉え直すことができる
・自分（経営者）の気持ち・考えを再確認できる
・目標、方向や、具体的にやるべきことが明らかになる
・人にビジョンをアピールする機会が増え、結果として「理想」の実現が早くなる

「中期経営計画」は、次のような手順で策定します。

1　まず、自社のビジョン、理念を確認する
2　経営環境と、自社のおかれている現状をつかむ
3　自社の強みと、これからの方向性を検討する
4　今後の目標を設定する
5　行動計画を立てる
6　予算や体制を考える

1　まず、自社のビジョン、理念を確認する

計画を立てるのは、自社の「理想の姿」を実現するためですから、ビジョンが明らかになっている必要があります。ざっくりとした方向性でも結構です。

また、ビジョンや計画が理念にかなっていないと意味がありませんので、改めて理念も確認します。

2　経営環境と自社のおかれている現状をつかむ

業界の動向、自社のポジション、どこにチャンスがあるのか、どういう脅威があるのか、事業に影響を及ぼす要素を洗い出し、自社のおかれている現状や今後の方向性を分析します。

3　自社の強みと、これからの方向性を検討する

これまでの自社の事業を振り返り、項目別に、成功要因（うまくいった点と、その理由）と、課題（いまひとつだった点・失敗した点と、その理由）について考えてみましょう。

項目

・業界、事業分野（継続性、発展性）
・自社の技術、商品力
・売上の上がる仕組み、お客様、営業の方法以上の結果を踏まえ、自社は今後、何を切り札にし、何が必要なのかを検討してみてください。

自社の強みを考えていくうえで欠かせないのが、商品、サービスの「独自性」です。他社に負けない、簡単には真似のできない優位性の高いものを自社がもっているかどうか。もっていればさらに優位性を高め、もっていなければ、それを開発し、強化することが切り札になります。

また、「外部との連携」も重要です。外部へのアウトソーシング、専門性の高いブレイン（法律、会計、経営、その他、事業に役立つ専門家）の存在、インターネットやさまざまなネットワークの活用による情報収集・PR、同業種・異業種とのコラボレーションなどを考えていくとよいでしょう。

4　今後の目標を設定する

これまでのことを踏まえ、まず5年後の具体的な「理想像」を描き、そこから戻って4年後、3年後、2年後、1年後の「理想像」を考えてみてください。

そして、それを実現するための、それぞれの年の目標を設定します。
理想像、目標は、次の項目に関して考え、設定するとよいでしょう。

・どんな分野で
・どういう経営環境で
・どういう商品（技術、サービス）で
・どういう独自性をもって
・どういう売上の上がる仕組み、お客様、営業方法で
・どういう体制（組織、外部との連携）で
事業を行なうのか
・その分野でのポジション
・売上高、利益

5　行動計画を立てる

いつまでに、何をどうやるのか、具体的な計画を立てます。とくに今後1年間に関

しては詳細な行動計画を立てます。

6　予算や体制を考える

何にいくらぐらいの予算をかけて、どのくらいの効果・収益が期待できるのか、どんな体制でやるのか、考えます。こちらも今後1年間に関しては詳細に決めます。

なお、これらの計画は、会社の全体像を経営者、もしくは経営者と幹部で作成した後、部門計画を部門長に立ててもらい、一緒に調整した後、社員個々人に個人の目標、計画も立ててもらってください。

また、せっかく立てた計画は、実行具合を定期的にチェックしないと意味が薄れます。毎月チェックし、必要に応じて計画の修正もしていきます。さらに、1年間で区切って全体を振り返り、新たな1年の設計をしましょう。

CHAPTER 4

社員が動くマネジメント

社員の利益につなげる

経営者が、会社の「理念」について改めて考え、キャッチフレーズにし、「行動指針」も作った。5年後の「ビジョン」も考え、社員に共有し、「中期経営計画」も作った。部署や個人の目標、計画も作ってもらった。

さて、これで社員がこれから意欲的に働くようになるかというと、残念ながらそれほど簡単ではありません。

経営者は、「理念」「行動指針」「ビジョン」「中期経営計画」を、あくまでも「自社」のために作っています。P22に書いたように、経営者にとって、自社と自分は同じですが、社員にとって、自社と自分は違います。経営者が「自社=自分」のために作った「理念」その他は、社員にとっては「自分」のためにはなっていません。

社員は自社のため、自社の利益のためだけでは動きません。自分のため、自分の利益に結びつかないと、やる気にはなりません。
そこで、「理念」その他を、社員一人ひとりの利益につなげる必要があります。

社員の利益は、たとえば次のようなことです。

・会社の一員として存在を認められ、信頼される
・仕事で必要とされ、役に立ち、喜ばれる
・評価、感謝、労いがあり、収入にも反映する
・職場の人間関係がよく、居心地がよく、楽しい
・働き方が自由に選べる。家庭の事情など考慮され、長期的に働けそうだ
・自分で目標を決め、計画を立て、行動できる
・仕事で充実感が感じられる。ワクワクでき、自分の成長が感じられる
・仕事で自分の未来に対して期待できる

ビジョンが絵に描いた餅、中期経営計画が押し付け、ノルマにならないよう、社員の利益につなげ、社員の利益＝自社の利益にしてください。

社員の基準で努力を評価する

先ほどの「社員の利益」につながる、社員を認める、信頼する、評価する、感謝する、労うために声をかけるのは、いっけん簡単そうです。

「いつもありがとう」「お疲れさま」「期待しているよ」「期待通りだね」「さすが○○君（○○さん）だね」「○○さんのこういうところが素晴らしいね」「○○君、いつも頑張っているね」

単にそれらを言えばよく、言われた側は嬉しい気持ちがしますが、そんなことを言うのは抵抗がある、なかなか難しいと感じる経営者も少なくありません。

「お疲れさま」「ありがとう」程度ならいいのですが、それ以上の「歯の浮くようなセリフをわざわざ言うのは嫌だ」「何で私が社員のご機嫌取りをしなければいけないのか」と感じるからです。

経営者は、どうしても自分を基準にして社員を見て、「能力」も「意欲」も「努力」も、あらゆるものが社員には足りていないように感じられます。

経営者は、社員に１００の力を求めていて、「20足りない（80だ）」と思っていますが、社員にとっては、その80が１００なのです。それを「25上げろ（１２５にしろ）」と言われているのです（下図）。

社員がそれに応えた場合、経営者からすると、「ようやく足りない20が解消されただけ。それで当たり前。評価に値しない」ということかもしれませんが、社員の基準では、「25上げている」のです。その努力を認め、評価し、労う必要があります。

立場の違い

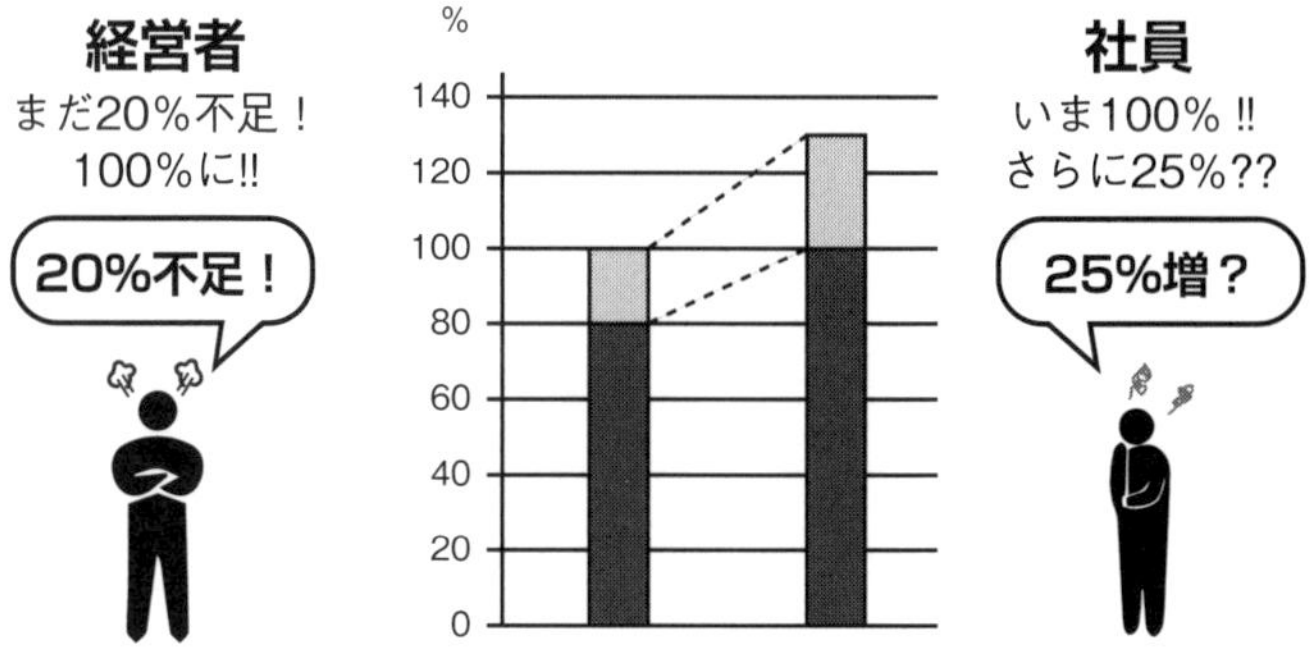

まず経営者が社員を認めよう

そもそも「怒り」は、「こうあってほしい」という期待が裏切られたときに生じます（P36参照）。

経営者にとっては、社員に100を期待したのに80だと感じるので腹が立ちますが、その期待の100を事前に社員に伝えていたかというと、必ずしもそうでないことが多々あります。「わざわざ伝えなくても、それくらい分かっているだろう」と思っているからです。そして、「20足りない」と、社員は叱られます。

社員にとっては、100という期待を伝えられず、それを「承知しました」と言ってもいないのに、いきなり否定されたように感じます。

そして、否定された社員にも怒りが生じます。

怒りが生まれるメカニズムは、出来事をどう意味づけるかによりますが、自分を否定されたと意味づけると、怒りが生じます（左下図）。

社員も経営者も、人は誰でも自分を認めてほしいと思っています。特別な人として尊重され、意見を求められ、賞賛されたい。ときには、気づかいの言葉をかけられ、じっくりと話を聞いてもらいたいと思っています。

しかし、自分のほうから相手を認めようという人は多くありません。自分を認めてくれる人は認めても、そうでない人まで認めようという人は少ないでしょう。

そこで、まず経営者が社員を認めることによって、状況が好転します。そもそも社員は会社の大切な一員であり、必要で信頼もしているから、仕事をお願いしているわけです。期待を伝え、励まし、応えてくれたときには感謝と労いの声をかけ、評価すればよいはずなのです。

「怒り」が生まれるメカニズム

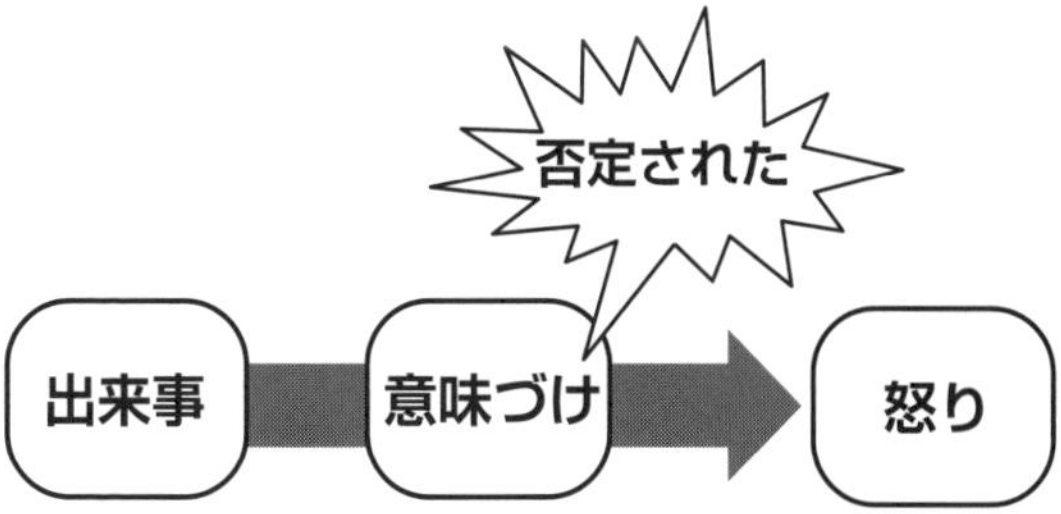

社員は善人？　悪人？

さて、成功している経営者は、人を「善（信じられる存在）」「悪（信じられない存在）」、どちらとして捉えていると思いますか。

基本的には「善（信じられる存在）」として、肯定的に捉えている人が多いです。

先ほど、「経営者が社員を認めることによって、状況が好転する」と書きましたが、人は、相手が自分のことを認め、信頼している、まったく疑っていないことが分かると、その期待に応えようとします。

けれども、逆に、自分が疑われ、信頼されていないことが分かると、そんな相手のために「善いこと」をするのもなんだか馬鹿らしくなってしまうでしょう。

結果、「善（信じられる存在）」として肯定的に捉える人には「善人」が、「悪（信じられない存在）」として否定的に捉える人には「悪人」が集まり、ますますその傾向が強くなるのではないかと思います。

ある会社の経営者は、社員に対して疑心暗鬼になり、密かに各フロアに監視カメラを付け、音声を録音していましたが、社員は皆そのことを知っていました。

また、トイレットペーパーを社員が盗まないようにと、質の低いものにし、ストックを置かずにいちいち補充するようにしていましたが、当然、不評でした。

一事が万事この調子だったので、この会社に入った「善人」の社員は、失望して次々と辞め、結局、「悪人」の社員に裏切られる形で、この会社はなくなってしまいました。

人は、善行も悪行も行ない得る存在で、信じられる部分も信じられない部分もありますが、どちらを引き出すかは、会社の環境によります。

また、人は「できれば、最小の労力で最大の結果を出したい」と思う「怠け者」であり、自分の都合で動く「自己中心的」な存在でもあります。

そういった、人の性質を考慮し、社員がよりよいアウトプットができる仕組みにするのが経営者の腕の見せどころです。

加点主義で「目標」が「楽しみ」になる

物事は、同じことでも、プラスにもマイナスにも捉えられます。

100点満点で90点の結果だったとき、「90点も取れた。ほぼ100点だ」と、プラスに捉えるのか、「10点足りなかった。未達成だ」と、マイナスに捉えるのか。

前者は「加点主義」で、後者は「減点主義」です。

経営者は、後者で捉える人が多いような気がします。自らの気を引き締め、リスク管理をするのには後者でよいと思いますが、社員に対しては、前者で対応したほうが、やる気は高まります。

「減点主義」だと、100点で「当たり前」。「当たり前」なので評価はされません。100点未満は、すべて「期待外れ」となります。努力して90点取っても、「期待外れ」として扱われれば、存在を否定されたように感じます。

「加点主義」で、肯定的に捉えられたほうが、積み上げていく楽しさ、達成感を感じられるはずです。

社員のモチベーションを高めるために、アメリカで開発された手法に「スコアキーピング」というのがあります。目標を決め、スコア（得点）をつけるのですが、「加点」することにより「勝者」を増やすというものです。

たとえば、大手メーカーで、これまで目標を達成していない社員に説教するという方法から、目標を達成した部署は全員に昼食が振る舞われ、報奨金が支給されるという方法にしたところ一気に成果が高まりました。

目標は「現実的」で「達成可能」なものを自分たちで決めることにより、社員の意欲が湧き、ゴルフのように「ハンディ」を採り入れることにより、全員が「勝者」になれるチャンスを得ます。

「加点」で「勝者」を増やすという発想、手法は、目標がノルマではなく「楽しみ」になり、社員の利益（P71）を増やすために有効です。この「スコアキーピング」は、子供の教育にも使えます。

「働き方改革」に対応し優秀な人材を得る

さて、社員に快く働いてもらううえで経営者が心しておかねばならないのは、働き方、とくに「労働時間」に対する感覚です（P18）。経営者自身は、24時間365日、好きなだけ働けばよいのですが、社員にはあくまでも法律に則って働いてもらう必要があります。

「長時間労働」の是正など、政府が2016年から進めている「働き方改革」に関して、経営者はいち早く理解、対応し、優秀な人材を確保したほうがよいでしょう。

「働き方改革」は、わが国が直面している「少子高齢化」の問題や、育児や介護との両立など「働く人のニーズの多様化」を踏まえた政策です。

「働き方改革」では、「正規労働者と非正規労働者の格差」「長時間労働」「単線型のキャリアパス」を課題とし、これらを是正するための法整備を進めています。

「正規労働者と非正規労働者の格差」の是正に関しては、2020年4月から（中小企業は2021年4月から）関連の法律が施行されます。

企業は、パートタイム、有期契約、派遣の3つの非正規労働者に対して、政府が作成した「同一労働同一賃金ガイドライン案」に沿って、待遇改善を行なう必要があります。

待遇には、基本給、賞与のみならず、交通費などの手当ても含まれます。たとえば、正社員に通勤手当を支給している場合、非正規社員にも通勤手当を支給する必要があります。また、非正規社員が、待遇に関して事業主に説明を求めた場合、事業主は説明する義務が生じます。

さらに、不合理な待遇格差があると判断された場合、違法とされ、過去3年分の損害賠償が命じられます。

待遇の格差に関して、正社員の待遇を引き下げて是正を図ることは、法的に無効と判断されることがあります。

「長時間労働」の是正に関しては2019年4月から（中小企業は2020年4月から）時間外労働の上限規制が導入されます。上限規制は、これまで行政指導のみでしたが、今後は法律で規制されることになり、1947年に労働基準法が制定されて以来の大改革となります。

法律による上限は、月45時間、年360時間を原則とし、臨時的な特別な事情があり、労使が合意する場合でも、年720時間、単月100時間未満（休日労働含む）、複数月平均80時間（休日労働を含む）となります（ただし、適用を猶予・除外される事業・業務もあります）。

また、月60時間を超える残業は、割増賃金率が引き上げられ、これまで大企業50％、中小企業25％だったのが、大企業、中小企業とも50％になります。

さらに、大企業も中小企業も、2019年4月から、年次有給休暇に関して、10日以上付与されるすべての働く人に対して、年5日は取得するよう、企業に義務づけられます。

このほか「勤務間インターバル制度」が努力義務になります。

これは、1日の勤務終了後、翌日の出社までの間に、一定時間以上の休息時間（インターバル）を確保するもので、夜遅くまで残業した場合、翌日の出社時間を遅くするなどの措置です。助成金が用意されています。

また、これまでは「裁量労働制」の適用者や「管理監督者」に関して、企業は、労働時間を把握する必要はありませんでしたが、今後は把握する義務が生じます。

そして、「フレックスタイム制」の拡充も推進されます。

これまで労働時間の清算期間が1か月であったので、1か月で所定労働時間に満たない分は欠勤扱いとなっていましたが、今後は、清算期間が3か月になり、3か月の平均が所定労働時間を満たしていればよくなります。たとえば、6月に働いた分を8月の休んだ分に振り返ることができるようになります。

そのほか、「高度プロフェッショナル制度」の新設、「産業医・産業保健機能」の強化の施策が、労働時間法制の見直し内容に入っています。

これら「働き方改革」の目的は、「多様で柔軟な働き方を選択できるようにすること」（厚生労働省に）です。

どのような雇用形態でも、待遇に納得して働き続けられ、働き過ぎを防ぎ、ワーク・ライフ・バランス（仕事と生活の調和）が実現できるようにする。そのために、管理職の意識改革や、業務プロセスの見直し、取引慣行の改善（適切な納期設定など）の支援、助成を行なうとしています。

残業の理由として、「平成28年版過労死等防止対策白書（厚生労働省）」によれば、下図のように企業側の理由も、正社員（フルタイム）の理由も、「業務量（仕事量）が多い」「不規則

残業の理由

企業	正社員
顧客（消費者）からの不規則な要望に対応する必要があるため 44.5%	人員が足りないため（仕事量が多いため） 41.3%
業務量が多いため 43.3%	予定外の仕事が突発的に発生するため 32.2%
仕事の繁閑の差が大きいため 39.6%	業務の繁閑が激しいため 30.6%
人員が不足しているため 30.6%	

な要望への対応（予定外の仕事）」「繁閑の差」となっています。

これらを改善するためには、業務プロセスを見直し、取引慣行を変えていく必要があります。

また、経済同友会とワンジャパン（大企業の若手社員のコミュニティ）が共同で行なった意識調査（2018年。下図）に、によれば、「働き方改革において最も重要だと思う施策」は、経営者も若手・中堅社員も、1位は「組織風土改革・意識改革」となっています。若手・中堅社員は、「時間ではなく成果で評価される働き方の採用」を重視しており、「在宅勤務・オフィス外勤務の促進」にも関心をもっているようです。

働き方改革において最も重要な施策

経営者		若手・中堅	
組織風土改革・意識改革	34.9%	組織風土改革・意識改革	30.3%
長時間労働の是正	21.7%	時間ではなく成果で評価される働き方の採用	22.1%
時間ではなく成果で評価される働き方の採用	20.8%	長時間労働の是正	15.1%
オフィス環境や業務のIT化	10.4%	在宅勤務・オフィス外勤務の促進	14.8%
在宅勤務・オフィス外勤務の促進	8.5%	オフィス環境や業務のIT化	10.3%

「組織風土改革・意識改革」は難しい

「組織風土」とは、企業全体、部署やチームに根づいている特有の考え方、価値観、暗黙のルールで、企業全体とそれぞれの部署、チームでも異なります。つまり、同じ企業に複数の「組織風土」が存在しています。

怒る「理由」と「メカニズム」（P36）で、「べき」について書きましたが、企業全体やそれぞれの部署、チームでの「べき」と言えます。

企業、部署で実質的に力を持っている人たちの「べき」が「組織風土」となりやすく、企業全体では、経営者ですが、部署、チームでは、管理職、古参の社員に加えて、「声の大きい人」、つまり、自己主張の強い人の「べき」が「組織風土」になっていることもあります。

「べき」は、それぞれの人がこれまでの人生から学び、信じている重要なことで、これを否定されると、自分を守ろうとして怒りにつながります。

組織で力を持っている人たちの「べき」である「組織風土」も、同様に、その組織で信じられている重要なことで、これを「変える」「改革」する「組織風土改革・意識改革」は、決して簡単ではありません。

しかしながら、変えたほうがよさそうな「組織風土」として、たとえば、次のような事例が挙げられます。括弧の中が意識です。組織で力を持っている人たちに都合がよい思考・行動パターンになっていることが多いです。

・会議は10分前集合となっている。デスクワークの人たちは皆10分前に来ているが、営業や管理職は遅れても当然のような顔をしている（営業や管理職は忙しいのだから、デスクワークの人と同じに扱うべきではない）。

・会議の資料は前日に配っているのに、管理職のなかに、見ておらず、その場でも見ない人がいる。その管理職が、資料に書いてあることを尋ね、説明させるため、会議の効率が悪い（管理職は忙しいのだから、特別扱いすべき）。

・子育て中の女性が2人いる。Aさんは、仕事ができ、責任感もある人で、何の問題もないが、Bさんは、子育て前から無責任で口達者な人。Bさんは「子育て中」を武器に、よく嘘をつき、しわ寄せがくる。さらに、Aさんは、Bさんより仕事をしているのに、Bさんと同じ待遇で納得がいかない（子育て中の人は大変だからカバーすべき。子育て中の人の待遇は一律）。

・上司で、部下に意見を出させるものの、1回も部下の意見を採用、反映させたことがなく、自分の意見だけ通す人がいる。部下は皆、意見を言う気力がなくなっているが、その上司は「今どきの若者はダメだ」と言っている（部下はもっと通る意見を出すべき。意見が通らなくても挫けるべきではない）。

・経理事務の派遣の私に「雑用は派遣の仕事」と、経理とは関係のない、他部署の片付けや給湯室の掃除などをさせる正社員がいる。他の正社員から「あの人には逆らわないほうがいい。前の派遣の人がひどい目に遭っているから、派遣会社に言ったりせず、我慢したほうがよい」と言われた（雑用は派遣がするべき。派遣は正社員より下の立場。正社員の言うことを聞き、我慢すべき）。

・昔からいるベテラン社員で、自分の気に入らない人には巧妙な嫌がらせをする人がいて、新人が来てもどんどん辞めていく。そのベテラン社員は、経営者から信頼を得ており、新人が嫌がらせの状況を伝えても信じてもらえない（ベテラン社員の言うことを聞くべき。ベテラン社員が悪いはずはなく、新人に落ち度があるはず）。

以上のようなケース、とくに、営業や管理職、ベテラン社員、正社員が偉く、優先すべきという思考からの暗黙のルールは、経営者も実態を把握していないことがよくあります。

多くの社員が「おかしい」「間違っている」と思いつつも、強い立場の社員に「従うしかない」、そうしないと、「評価が下がる」「仕事を増やされる」「嫌がらせをされる」「退職に追い込まれる」と思っていたり、「言っても無駄」「関わらないほうがよい」「我慢するしかない」と諦めていたりします。

経営者は、会議などの公式な場ではなく、非公式な場で、なるべく本音の意見を、力が弱い立場の人たち、若手、新人、中途採用、非正規の社員から聞くようにしたほうがよいでしょう。愚痴、不満、ネガティブな意見も、安心して気楽に言えるような環境を作り、さまざまな社員の意見、要望を汲み上げるようにしてください。

しばらく前に、アメリカのグーグル社が、チームの生産性を最大化するものとして**「心理的安全性（サイコロジカル・セーフティー）」**について発表しました。

これは、チームメンバー同士が、ありのままの自分を、リラックスして、他のメンバーにもさらけ出せる心理状態です。お互いに信頼しているので、思っていることを何でも自由に発言でき、もし間違えても、助けを求めても、弱さを出しても問題ありません。

企業の「組織風土改革・意識改革」は、経営者が、自社の現状の「組織風土・意識」を把握した後、理念、行動指針に沿った価値観、考え方、行動スタイルを、社員全員で創っていくとよいでしょう。

CHAPTER 5

こんなとき、どうすればよい？
――社内の人間関係

8割が「職場の人間関係」に難しさを感じたことがある

先ほど、変えたほうがよさそうな「組織風土」として、強い立場の社員に都合のよい思考・行動パターンを挙げましたが（P87）、「職場の人間関係」が転職のきっかけになったことがある人、職場の人間関係に難しさを感じたことがある人の割合は、エン・ジャパンの調査（2018年）によれば、下表のようになっています。

人間関係に難しさを感じた相手は、先輩、同僚、直属の上司、後輩の順です。

直属の上司・先輩・経営層との人間関係に

職場の人間関係

転職のきっかけになったことが	ある	53%
	ない	47%
難しさを感じたことが	ある	84%
	ない	16%

人間関係に難しさを感じた相手

1.先輩	39%	4.後輩	10%
2.同僚	22%	5.非正規社員	7%
3.直属の上司	14%	6.経営者	5%

難しさを感じた理由は、下の表のように、「威圧的に感じる」「気分に浮き沈みがある」「指示に一貫性がない」「人柄が信頼できない」などです。

上司、先輩、経営層と、立場が上なので、リーダーシップ、頼もしさを感じてもよいはずですが、「威圧的」と感じるのは、「人柄が信頼できない」と思っているからでしょう。

「自分の意見や考えに耳を傾けてくれない」という気持ちもあり、自分が受け入れられておらず、安心できない、「心理的安全性」が得られていない状態です。

原因として、コミュニケーション不足が考えられます。上の人が一方的に伝えるだけで、下の人の意見や考え、気持ちを聞かない。

たとえ聞いても、威圧的ではものが言いづらく、

上司・先輩など

威圧的に感じる	50%
気分に浮き沈みがある	48%
指示に一貫性がない	44%
人柄が信頼できない	40%
評価が公平・公正ではない	35%
自分の意見や考えに耳を傾けてくれない	28%
具体的なアドバイスをくれない	23%
論理的に説明してくれない	21%

仕事の質問も気軽にできず、報告・連絡・相談もしにくいでしょう。さらに、勇気をもって言っても、否定された、表面だけと感じれば、言っても無駄だと思うでしょう。

部下の怒りは、上司に受け入れられていないという思いに起因しています。たとえば、部下が「上司の指示に納得がいかない」と思ったとき、上司に質問ができ、納得がいくまで説明をしてもらえれば解決します。

部下が、上司から労いの言葉がない、評価されていない、プライドを傷つけられたと思う場合も、コミュニケーション不足が原因であることが多いです。

次に、「同僚・後輩・非正規社員との人間関係に難しさを感じた理由」ですが、次のページの表のように、「不平不満が多い」「自分の意見や考えに固執する」、こちらも「人柄が信頼できない」が挙がっています。

同僚や後輩の発言を「不平不満」と感じるのは、言い方や内容がネガティブで、自己中心的、他人に責任転嫁しているように聞こえるからでしょう。

「自分の意見や考えに固執する」とも感じ、違う意見や考えの相手を受け入れたいとは思っていません。

「不満」を感じるとき、人は、自分が正しく、相手が間違っていると思っています。

相手(同僚や後輩)と、こちらの「べき」が違うのです。

「べき」は人の数だけあり、争っても不毛なだけです。

不満は、個々の社員がレンガ職人の話(P55)で、「歴史に残る大聖堂を造っている」ことを忘れている場合に多く感じます。

経営者の立場では、社員の視線を前向きな未来に向け、それぞれが大切な役割を担っていることを認識してもらい、仕事が誇らしく感じられるようにすることが大事です。

同僚・後輩など

不平不満が多い	41%
自分の意見や考えに固執する	37%
人柄が信頼できない	34%
気分に浮き沈みがある	32%
威圧的に感じる	24%
仕事の成果にこだわらない	14%
論理的に説明してくれない	11%

新人が次々に辞めていく管理職

Q 長く勤めており仕事はできるけれども、新人が長続きしない管理職がいます。新人の言い分は「あんなに意地が悪い人の下では働けません」、管理職の言い分は、新人は「考えが甘く、やる気がなく、会社のためにならないので、辞めてもらったほうがよいと思います」。

具体的な出来事を聞くと、正直、どっちもどっちのような気がします。とはいえ、新人が次々に辞めていく状況は困ります。どのように対処すればよいでしょうか。

A 一定の条件をクリアし採用された新人が、次々に辞めていくからには、「どっちもどっち」ではなく、その管理職に何らかの問題があると思われます。

その管理職は、新人を育てようとしたのでしょうか。

新人を育てることに関して何か相談はありましたか。新人が辞めるにあたって「どうにか育てようとしたけれども、自分の力が及ばなかった」というような発言はありましたか。

もっと言えば、「新人を育てるのが、管理職である自分の仕事」という認識はあったのでしょうか。

もしかしたら、その管理職には、そういった「新人を育てるのが自分の仕事」という意識はなく、むしろ、新人を、自分の存在を脅かすものとして、排斥する方向にあるのかもしれません。あるいは、新人の未熟な部分を許せず、受け入れられず、悪意が感じられる対応となっているのかもしれません。

ベテランが新人を育てられない責任は、しかしながら、経営者にもあります。

経営者が、ベテランを含めた全社員に育ってもらおうと思っていなかったり、もし、思っていても伝えていなかったりするからです。

管理職には、「部下を育てられる人」に育ってもらう必要があります。

その管理職に、「あなたには新人を育てることをお願いしたい。それがあなたの重要な仕事です」と伝え、理解してもらってください。

そして、採用の段階から関わり、面接に同席してもらってもいいかもしれません。「考えがしっかりしていて、やる気があり、会社のためになる人」を一緒に見極めてもらうとよいと思います。

さらに、新人を育てるにあたって何か困ったことがあれば相談するように伝え、定期的にどんな具合か声をかけましょう。外部の管理職研修などにも出てもらい、他社の管理職と一緒に学んでもらうのも、意識を高めるのに役に立つでしょう。

管理職に、「ベテランスタッフ」の一人から、本当の意味での「管理職」として育ってもらうようにするのは、経営者の役割です。

経営者が管理職を育て、管理職がスタッフを育てるのが、成長できる組織の仕組みです。そして、組織において、部下に対する指示命令は、基本的に、直属の一人の上司から一元的に行なう必要があります。

繰り返しますが、「部下を育てられる管理職」を育てるのは、経営者の仕事です。

指導とパワハラの違い

Q 建設業の経営者です。仕事もでき、部下指導も熱心な管理職がいるのですが、以前から言葉遣いが乱暴で、怒鳴ることに対して気になっていました。

部下に対して、男女を問わず「おまえ」「あんた」と言い、「バカどもが」「ぶん殴る」「ふざけるな」「死ね」「さっさと飯を食え」「どいつがケツ(最後)だ」などの言い方をします。

最近入った社員が仕事でミスをしたとき、この口調で皆の前で怒鳴ったことから、「こんな会社では働けない」と辞めることになりました。同時に、「以前から言おうと思っていましたが、○○さんはパワハラ。私も正直あの人とは働きたくない」という声が上がり出しました。

注意しても、本人は、「ガキの頃からの言い方だから直せない」と言い張り、困っています。

A まず、パワハラ（パワーハラスメント）の定義は、「同じ職場で働く者に対して、職務上の地位や人間関係などの職場内での優位性を背景に、業務の適正な範囲を超えて、精神的・身体的苦痛を与える又は職場環境を悪化させる行為」（厚生労働省）となっています。

さらに「パワハラの6類型」というのがありますが、そのなかで、この管理職に当てはまるのは、「精神的な攻撃（脅迫・名誉棄損・侮辱・ひどい暴言）」でしょう。「ひどい暴言」の例として「バカ」「アホ」が入っていますし、「ミスをみんなの前で、大声で言われる」「人格を否定されるようなことを言われる」「ケンカ腰、感情的な態度」は、「精神的な攻撃」と見なされます。

部下との信頼関係ができていれば、少々乱暴な言い方でも、部下は「精神的な攻撃」とは思わないのでしょうが、辞めた人に加えて、以前からいる部下も「パワハラ」「一緒に働きたくない」と感じているのは、じつは信頼関係が築けていなかったことを表わしており、問題です。

乱暴な言葉遣いをする人は、自信過剰で、部下や他者を下に見ている、あるいは、舐められないようにそういう言い方をしている、自分は男性で管理職だからこの言い方がカッコいいと思っていたりします。

けれども、乱暴な言葉遣いにより、部下は、プライドを傷つけられ、自信ややる気を失います。

また、言い方のみならず、部下への姿勢、たとえば「部下は自分より下だから、命令を聞くべき」などが過剰に感じられれば、部下の「一緒に頑張ろう」という気持ちは失われます。

乱暴な言葉遣いは、部下指導においては、マイナスになっても、決してプラスには働きません。

その管理職には、以上のことを伝え、ぜひ言い方や姿勢を変え、部下との信頼関係を再構築してもらってください。

暴言は吐かないけれども追い詰める管理職

Q　「バカ」などの暴言を吐いたり、怒鳴ったりはしないものの、部下を追い詰める言い方をする管理職がいます。

たとえば、部下に「なぜこれこうなっているの？」と聞いて、部下が答えると、「それはおかしいでしょう。それなら、なぜこれがこうなの？」と返し、さらに部下が答えても「ではなぜこうなの？」と食い下がります。

そして、「これ、ちゃんとやった？　この数日間何をやっていたの？　今日はいったい何をやっていたの？　何をどう努力したの？」などと責めるため、うつ病になる部下も出ています。

そのため、「責めるような言い方はせず、もっと言い方を考えてほしい」と伝えたのですが、「厳しい言い方に聞こえるかもしれませんが、責めてはいません。私は○○君（部下）の将来を思って、冷静に指導をしているだけです。これまでの管理職が甘やかした分をカバーしているのです」と、改善する気がありません。
どうしたものでしょうか?

A

パワハラの「精神的な攻撃」には、大声での叱責や暴言に加えて、「嫌悪感や否定的な発言により、心理的に追い込む」というのも入っています。

管理職本人は「冷静な指導」のつもりでも、部下にとっては「精神的な攻撃」に他なりません。

この管理職が「なぜなの?」と言っているのは、決して理由を聞いているわけではなく、部下を責めているのです。

パワハラを行なっている上司は、自分がパワハラを行なっているという自覚は薄く、自分は正しく、相手(部下)が間違っていると思っています。

考え方に柔軟性がなく、上司である自分の気に入らない部下、思い通りにならない部下を屈服させるため、責めるような言い方をします。

しかし、責めるような言い方では、部下の改善は期待できません。

部下は、上司の「指導」に傷つき、言動にビクビクし、顔色を伺うようになるか、逆に、まったくスルーしてしまうでしょう。

責めるだけでは、そもそも「こうしてほしい」ということが、部下には分かりません。上司は部下に、具体的に「これを、このような方法で、こうしてほしい」という、手順やアウトプットイメージを示し、理解、実行してもらう必要があります。その際、「ちゃんと」というような、人によって解釈が異なる言い方ではなく、数字などの客観的な言葉を使って指示を出します。


このような管理職は、自分より上の立場である経営者の言うことしか聞きません。

「部下はあなたの求めるレベルからすると全然できていないかもしれませんが、彼らなりに頑張っています。まだまだ未熟で、理解力も能力も不足しているので、手順とアウトプットをできるかぎり具体的に伝えてください。そして、少しでも改善したら、評価し、勇気づけ、喜んであげてください。あなたに期待しています」という言い方で言ってみてください。

古参の女性社員の扱いが難しい

Q 当社は卸売業を営み、私(二代目経営者)は男性ですが、古参の女性社員の扱い方に頭を悩ませています。

当社は、管理職や営業職はすべて男性の正社員で、女性は事務職で正社員と派遣社員、契約社員となっています。

女性は誰も役職には就いていないのですが、先代のときから働く者や、元正社員で家庭の事情で現在は契約社員となっている者などベテランもいます。

先代のときから働く女性社員に、チームリーダーになってもらうことを打診したこともありますが、「責任が重い仕事はできない」とのことで、断わられました。

しかし、その古参の女性社員は、他の社員に対して、よくない影響を与えています。

書類作成に関して、新人に「こうしておけばいいのよ」と、不正にもつながりかねない入れ知恵をしたり、管理職の男性のことを「○○さんは以前こうだった」と、評判を落とすような伝え方をしたりしています。

さらに、派遣社員を見下したような言い方をしたり、雑用をさせたり、「以前、管理職になってくれと言われたけれど、断わってやったわ。損な役回りはしたくないから」と吹聴しているようです。

ベテランで戦力になっていますが、迷惑でもあり、伝え方が難しいです。

A

人は誰でも自分を認めてほしいという「承認欲求」をもっており、それが十分に満たされていないと、不満、怒りの気持ちを感じます。

この古参社員も、そういう節が感じられます。

自分がベテランであり、管理職になってくれと言われたこともある実力を、皆はもっと認めるべきという心理から、管理職や派遣社員など、人を貶めることによって、自分の優越感を保つ、自分を守るという行動に出ているのでしょう。

経営者としては、ベテランで戦力になっていることと、迷惑な部分は切り分けて考える必要があります。つまり、いくらベテランで戦力になっていても、迷惑な部分は改めてもらわないといけません。

この社員を呼んで、まずベテランで戦力になってくれていることを感謝、評価した後、いくつかお願いしたいことがあると前置きし、書類作成に関して、管理職の男性に関して、派遣社員に関してなど、具体的に「こうしてほしい」と「リクエスト」を出してください。

その際、相手のプライドを傷つけず、受け入れやすい言い方で伝えます。

たとえば、「ベテランの○○さんともあろう人だから、何か意図があるのかもしれません。けれども、まわりに誤解を与える結果になっているのは、○○さんにとってもマイナスです」「本来の○○さんにふさわしい模範的な態度を期待しています」「私は○○さんを信頼しています」という言い方です。

口先だけでなく、経営者は、社員一人ひとりにプロとしての自覚と正しいプライドをもってもらうことが必要ですし、一人ひとりがよりよい状態になることを心から願い、応援しないと、そのようにはなりません。

まず、経営者が変わる必要があります。

常識が通じない若手をどう叱る

Q どこの会社でもそうなのかもしれませんが、新人、若手社員と「常識」が違い過ぎて、私（経営者）も管理職もどう接していいのか、難しい状況です。たとえば、ヘッドホンで音楽を聴きながら仕事をする。電話は取らないし、取ることを嫌がる。気が利かない。反応がない。何を考えているのか、どう思っているのか、よく分からないなど、数え上げればきりがありません。叱るのもパワハラと言われる時代、どう叱ってよいのか分かりません。

A まず、新人、若手社員に会社の「常識」「ルール」を伝える必要があります。経営者、管理職からすれば、「非常識」であっても、何が「常識」で「ルール」なのか、新人、若手社員は分かっていません。

電話の取り方やビジネスマナー全般に関して研修を受けてもらいましょう。社員一人から参加できる外部の研修もあり、利用するとよいでしょう。

さらに、自社の「ルール」を説明してください。

ヘッドホンで音楽を聴きながら仕事をしてほしくないのであれば、それが自社のルールであることを伝える必要があります。

勉強などで集中したいとき、ヘッドホンで音楽を聴くのが習慣になっている人も若手には多く、職場でのヘッドホンを否定される理由が分からないこともあります。

「電話の音が聞こえなくなるため」など、理由も説明すればよいでしょう。

もし、とくに理由がない場合は、逆に、自社のこれまでの「常識」を見直してもよいかもしれません。

上手な叱り方は、相手にどうしてほしいのかという「リクエスト」を伝え、分かってもらうことです。

「今すぐこうしてほしい」「今度からこうしてほしい」と、具体的な行動を伝えます。その理由も、簡単に説明しましょう。説明が長すぎると、相手は説教されているような気分になるので注意してください。

リクエストに加えて、自分の「気持ち」も、「私はこう思った（こう感じた）」「私はこう期待している」と、「I（私）メッセージ」で伝えてもよいでしょう。

「君はなぜこれをやらないのだ」と、相手を責める「You（あなた）メッセージ」は、相手が受け入れにくいため、使わないようにしてください。

また、「リクエスト」と「気持ち」は、あくまでも前者が主目的です。

叱るのに、声を荒げる必要はなく、穏やかに伝えればよいのです。

ちなみに、「怒る」と「叱る」の違いに関して、アンガーマネジメントでは、国語的な意味、すなわち、上の立場の者が下の立場の者を怒ることを「叱る」として使っています。上司が部下を、親が子を、先生が生徒を「叱る」で、そこに愛情があるか、相手のことを思いやっているかどうかは、関連づけていません。

怒られるのが恐い若手社員

怒られるのが好きという人はそれほどいないでしょうが、なかでも若手社員は、怒られることに慣れておらず、怒られると萎縮する人が多いと言われています。

そのため、自分のミスなど、悪い情報はなかなか伝えられず、すぐ伝えなかったり、嘘をついたりすることで、問題が大きくなるとも言われています。


若手社員でなくても、怒られることに恐怖を感じる人、怒られると立ち直れない人はいます。そういう「怒られ弱い人」は、怒られると、自分の存在そのものを否定されたように感じ、傷つきます。

また、「怒られ弱い人」は、自分以外の価値観、考え方をなかなか受け入れられません。違う価値観、考え方を示されると、自分を否定されたと捉えがちです。

そして、自分と異なる価値観、考え方の人を「バカ」「アホ」と見なして否定するような本を読んだり、匿名でネットに暴言を書き込んだりすることで、自分のプライドを保っていたりします。

経営者は、それらを踏まえて叱るようにしましょう。

とくに、「問題となる4つの怒り」（P30〜）は、いずれもダメージを与えやすいので、改めるようにしてください。

また、管理職にも、叱り方に関してアドバイスしてください。

若手社員の叱り方は、前のページの「常識が通じない若手をどう叱る」（P108）を参考にすればよいでしょう。

そもそも、怒りは期待の裏返しであり、叱っている側（経営者、管理職）は、相手（若手社員、部下）の存在を肯定し、期待しているからこそ叱っているのです。

それを、何かの機会に、叱る相手に分かってもらうと同時に、それが伝わるように相手を尊重する姿勢で叱ってください。

社員のコミュニケーションがよくない?

Q

当社は技術系の会社のためか、社員同士お互いに関心が薄いようで、会話が少なく、コミュニケーションがよくないようです。

これまで、そこまで意識はしていなかったのですが、先日、当社を見学に来た学生に、「御社の人たちは、笑わず、表情が乏しく、まるで機械のようです。お昼も会話をせず、それぞれが無言で食事をとっており、孤独感を感じました。御社で働く気にはなれません」と言われました。

改めて観察すると、確かに指摘のように、社員はほとんど会話をせずに1日を過ごしている様子です。

コミュニケーションがよくないのはやはり問題でしょうか?

A

会話がなくても、メールでやりとりしているなど、必要な連絡は取れており、具体的に「これが問題だ」ということが発生していないのなら、気にしなくてもよいでしょう。

会社・組織には、それぞれの雰囲気があり、そこにいる人たちにとって居心地がよく、力を発揮できる環境なら、とくに問題はありません。

人は、大きく分けると、「人・気持ち・感情」に興味を持つタイプと、「物事・規則性・事実」に興味を持つタイプに分かれ、前者は、比較的外交的で、人との交流が好きで、行動しながら考えますが、後者は、一人が楽で、物事の仕組みや客観的な事実に関心があり、考えてから行動します。

貴社は、後者のタイプが多い会社だと思われますが、仕事に支障が出ていないのなら、気にしなくてもよいと思います。

ただ、「笑わず、表情に乏しく、まるで機械」「孤独感」という指摘は、気になります。社員がストレスを感じている、感じやすい傾向があれば、改善したほうがよいでしょう。

「物事・規則性・事実」に興味を持つタイプは、たとえば、変化しすぎることにストレスを感じます。指示が急に変わる、コロコロ変わる朝令暮改の環境で、事前準備などの時間を十分に取れず、アウトプットを急がせられると、疲れてしまうので、そうならないように気をつけてください。

また、具体的な行動や目標を提示しない、詳細がない漠然とした指示や、ファジーな要素も苦手です。業務の目的、目標、具体的な行動、詳細まで説明し、指示するようにしてください。

ストレスを内に溜め込む人も多いので、管理職や経営者自らが社員に興味を示し、コミュニケーションを取っていくように心掛けたほうがよいでしょう。

一丸とならない、熱くならない組織

Q 会社の経営理念、ビジョンなどを作り、語ってはいるのですが、社員から「一緒に頑張ろう」という気配が感じられません。一丸となって頑張る、熱い組織を目指しており、飲み会やレクリエーションも企画していますが、若い人は全然参加しません。知人の経営者は「一丸になって頑張るとか、もうそんな時代じゃないよ」と言っていますが、そういうものでしょうか。

A 経営理念、ビジョンが、現状では一方通行、押し付けになっていて、社員の腑に落ちていない、共感を得られていないのだと思います。

押しつけにならないためには、それぞれの社員に、会社のビジョン以前に、まず自分自身のビジョンを考えてもらうとよいでしょう。

急に「自分のビジョンを考えるように」と言っても、ピンと来ないでしょうが、他人事ではなく自分のこととして、先々のことに目を向けてもらうことが必要です。

たとえば、「死ぬまでに実現したい100のリスト」を書いてもらうとよいでしょう。これは、文字通り、これから死ぬまで一生の間に、仕事、趣味、家族、友人、コミュニティなど、人生のさまざまな領域で実現したいこと、得たいものを、1から100まで番号を振ったシートに、思いつくまま箇条書きで書いていくものです。

それぞれの社員にこれからの人生を考えてもらうことが目的ですので、提出不要にして、自由に書いてもらいます。

時間を20~30分とって書いてもらった後、書いた感想や差し支えない範囲で何を書いたのかを、それぞれ話してもらうとよいでしょう。

すぐに100個も書ける人はほとんどおらず、せいぜい20個、多くても40個程度で、書けない人は10個も書けません。あまり書けないこと、すなわち、死ぬまでに実現したいことを思いつけないことにショックを受け、これからの人生をまじめに考えてみようと思う人が多いです。

試しに、経営者や経営幹部も書いてみるとよいでしょう。

社員に自分のビジョンを考えてもらったら、次に改めて会社のビジョンを確認し、重ね合わせて、今後やりたいこと、やるべきことを考えてもらいましょう。

そのうえで個々の社員と、その直属の上司と一緒に面談し、今後に関してやりたいこと、やるべきだと思っていることを聞いてみてください。

会社としては、それぞれの社員のビジョンの実現が会社のビジョンの実現につながればよく、社員を応援する視点で話を聞き、一緒にキャリアプランを考えましょう。また、それに合わせて、会社の制度（育児休暇や介護休暇、キャリアアップなど）も見直すとよいでしょう。

飲み会やレクリエーションは、若手社員や、仕事とプライベートを切り分けたい社員にとっては、勤務時間外に仕事の延長として気を遣うだけのものになりやすいので、少し豪華なランチ会など、参加者に負担がかからないものを、若手社員の意見も聞きながら企画してください。

むしろ、「一丸となって頑張る、熱い組織を作りたい」という目的から考えると、仕事の一環として交流を深めるワークショップを行なったほうがよいと思います。

CHAPTER 6

こんなとき、どうすればよい？
——経営者の憤り

優秀な人材の採用は地方では無理？

Q 地方で、いわゆる地場産業（製造業）を営んでいます。大学進学もしくは就職で地元を離れる若者が多く、人材確保に苦労しています。

できれば、会社の将来を担う、若くて優秀な男性を新卒採用し、育てていきたいと思っています。

けれども、「それは無理。今後はもっと厳しくなる」と、同業者はどこも言っており、そういう諦めの空気に憤りを感じています。

同時に、景気拡大が続いているというニュースや、地元、地場産業の魅力を分からずに都会に行く若者など、さまざまなことに苛立ち、収拾がつきません。

地方で優秀な人材を採用するのは無理なのでしょうか？

A いろいろなことに腹が立っているとき、それらを箇条書きにして、「イラッとしたときの3つのポイント」の2「三重丸」、3「分かれ道」(P43～)で考えましょう。

この場合、苛立ちを感じているのは、次のようなことです。

・人材確保に苦労している
・同業者の諦めの空気
・景気拡大が続いているというニュース
・地元、地場産業の魅力を分からずに都会に行く若者

次のような「べき」「理想」が考えられます。

・苦労せず人材確保ができたらよい
・同業者は人材採用を諦めるべきではない
・景気拡大で状況が改善されるべき
・若者は、地元、地場産業の魅力を分かり、地元で働いてほしい

「分かれ道」で考えると、いずれも「重要で、変えられない」（P45）になりそうです。その場合、「変えられないことに執着せず、今できることを探す」ことです。なぜ人材確保に苦労するのか、なぜ同業者は諦めムードなのか、景気拡大が続いているのになぜプラスの影響が出ないのか、なぜ若者は都会に行くのか、などと憤っても、状況は改善しません。

そもそもの目的は、「会社の将来を担う人材の確保」です。「どうしたら、人材の確保ができるか」について考えましょう。

たとえば、若者に、貴社、および地元、地場産業の魅力が伝わっていないのかもしれません。魅力を整理し、伝える方法を考えましょう。

また、地方でも、地場産業でも、若者が活躍しているところはあります。その事例を研究し、ヒントを得るのもよいでしょう。同業者に声をかけ、一緒に見学に行くことも考えられます。

さらに、若者のニーズを聞き、貴社の待遇、制度、環境の改善を考えたり、地元の男性の新卒に限らず、女性、都会からのUターン、Iターン、海外からの移住などのケースも検討したりするとよいでしょう。「できること」をどんどん探してください。

社員がなかなか定着しない

Q 企業向けサービス業を営んでいますが、社員が定着しません。辞める人の理由は、「残業が多い」「休みが少ない」、その割に「給料が安い」、そして「人間関係がギスギスしている」です。

しかし、私から言わせると、残業になり、休みが少なくなるのは、仕事の生産性が低いからです。「給料が安い」というのは筋違いです。

百歩譲ると、社員が定着しないので、新人の割合が高く、仕事に慣れておらず生産性が低い。しかし、人員的な余裕がなく、業務量があるため、残業、休日出勤になる。皆がイライラしやすい環境で、人間関係のトラブルが発生し、社員が定着しないという悪循環になっています。どうしたものでしょうか。

A

悪循環の状況は分かりますが、たとえ、慣れない新人ばかりで、残業が多く、休みが少なくても、皆がイライラし、人間関係のトラブルが発生する流れになるとは限りません。

社員たちがこの状況を一時的なもの、過渡期と捉え、一緒に乗り切ろうと思えば、状況は徐々に改善できるはずです。社員がイライラし、離職してしまうのは、そのように考えられない、納得できないからです。

この場合の課題は、次のことです。

・社員が定着しない
・仕事がスムーズに回らない

この状態になればＯＫです。

・社員が定着する（人間関係のトラブルが発生しない、イライラしない環境）
・仕事がスムーズに回る（残業や休日出勤が減る、生産性が高まる）

アンガーマネジメントでは、自分の「べき」をリフレームする(違う枠組みで考える、言い換える)際に、ビッグクエスチョン「自分にとっても周りの人にとっても長期的に健康でいられるためには」という視点で考えます。

この場合、経営を中長期的な視点で捉え、経営者にとっても、社員にとっても、顧客にとっても、よりよい状態の組織のあり方、仕事の仕方を考えましょう。

解決策としては、たとえば、次のようなことが挙げられます。

まず社員募集、採用時点で、現状と、それを乗り越えた中長期的なビジョンを伝え、納得できる人に来てもらう。

そして、なるべく即戦力になる生産性の高い人を確保するか、その仕事の生産性を高める研修を行なう。慣れない新人ばかりのあいだは、残業や休日出勤につながらないような仕事量にする。

それでは仕事が回せないというのであれば、回せる程度に業務の絶対量を減らすか、仕事を外注に出す、派遣社員を頼むなどの方法があります。

女性の戦力化は難しい？

Q 男女平等の時代、優秀な女性も多いことから、当社では、女性も戦力として長く働いてもらおうと考えています。

面接ではそういう人を採用しているのですが、実際には出産で退社する人がほとんどです。

育児休暇制度や、時短勤務制度も作っており、利用する人もいるのですが、結局辞めてしまいます。

理由は、「子供が熱を出し、休みが続くと、同僚に申し訳ない気持ちになる」「育児、家事、仕事と疲れ果ててしまった」「夫や義父母がいい顔をしない」などです。

もっと年齢が上の、子育てが一段落した人でもいいのですが、面接で話をすると、「10年以上現場から離れていて自信がない」「どうせ働くのなら、もっと気楽な、頭を使わない仕事をしたい」というニュアンスで辞退されます。

女性が組織で長期間戦力として働くのは、じつは都会の独身者か、テレビドラマの話で、難しいのでしょうか?

A ひとつの組織で長期間働きたい女性は決して少なくありませんし、貴社の女性社員も例外ではないはずです。

けれども、貴社で「戦力」として求められていることに対して、「そこまでは難しい」「自信がない」「無理」だと感じ、退社や辞退につながっていると思われます。時短勤務制度を作っていても、気持ち的に「期待に応えられない」と感じたのかもしれません。

また、再就職の人にとっても、ハードルが高く感じられたのでしょう。

私が会社員のとき、部下の女性で、小さな子供が病気になったときも仕事をしていたことなどから、家族に責められ、組織を離れることになった人がいます。

仕事に対してまじめで責任感がある人ほど、これまでと同じように頑張ろうと思い、無理をすることになりがちです。

育児は、仕事で言えば、新規事業の立ち上げと同じぐらい、ある意味、それ以上に大変です。想定外のことが起き、これまでの経験が活きず、精神的、肉体的にハードだったりします。

子供の身体面や性格、周囲の協力体制、保育園・幼稚園の環境、その人の考え方、価値観、能力などさまざまですので、逐次状況を確認しながら、継続可能な働き方で働いてもらい、長期的な視点で「戦力」となってもらったほうがよいでしょう。

これは、育児期の女性社員に限らず、介護やその人の環境、状況によっても、その時々に求められる働き方は異なるので、どう働いてもらうか、本人の希望や状況を聞きながら、柔軟に対応したほうがよいでしょう。

経営者、当該社員、他の社員それぞれが、固定観念から離れて、「できることを探す」方向で考えれば、働きやすい職場、力を発揮しやすい職場になるでしょう。

社員に仕事を任せられない

Q 小売業を営む経営者です。

社員を育てるためには、ある程度、仕事を任せなければと思うのですが、なかなか難しいです。

若い人は、既に決まっている手順での対応はできても、お客様の立場で考えたり、機転を利かせたりができません。指示待ち状態で、自分で考えません。

年が上の、比較的ベテランの人は、すぐに手を抜き、トイレ掃除などしてもいないのに表に印を付けるなど、見張っていないと不誠実なことをし、信用できません。

せめてリーダー的な人を育てたいとも思うのですが、以上のようなことから適任者が見当たりません。同業者に話を聞いても似たような感じで、半ば諦めています。

A

経営者からすると、若手社員は「お客様の立場で考えられない」「機転が利かない」「指示待ち」「自分で考えない」と感じるかもしれませんが、多分9割の若者に対して、経営者はそう感じるはずです。

ベテラン社員の「手を抜く」「不誠実」なども、残念ながら、珍しくはありません。

経営者になる人は、自分でバリバリと仕事をこなしてきているので、社員に対して、「仕事を任せられない」「見張っていないと不安」「自分でないと質が落ちる」と感じるかもしれませんが、それでも、社員に仕事を任せ、育ってもらう必要があります。

そうしないと、経営者の本来の仕事に集中できなくなるからです。本来の仕事は、会社のビジョンや方針を考え、経営に関するさまざまな意思決定を行なうことです。日常業務は、社員にやってもらう必要があります。

社員への仕事の任せ方として、結論から言うと、「既に決まっている手順」を拡げればよいのです。すなわち、さまざまな仕事において、できるかぎり細かく、細かすぎるぐらいの指示を出すことです。

「お客様の立場で考える」「機転が利く」とは具体的にどういうことなのか、彼らに正解、ルール、常識を教えるのです。

たとえて言うと、日本舞踊などまったく習ったことがない人に、一から手取り足取り教えるようなものです。

やったことがないのに、「〇〇流の踊りに関して、指示待ち状態で、自分で考えない」と、師匠に憤りを感じられても、どうしようもできないのと同じです。

そう考えれば、若手社員に口頭で伝えて、彼らがすぐにマスターできないのも当然です。マニュアルを作るなり、図や動画も使って、考え方・心構えから、やるべきこと、手順、よくあるQ&Aまで、細かく具体的に説明したうえで、チェックリストで確認してもらい、実際にやってマスターしてもらいましょう。

ベテラン社員に関しては、これらのマニュアル、チェックリストの作成をお願いし、先輩として模範を示してもらいましょう。もちろん事前に、その旨は伝えます。

そして、徐々に仕事をマスターしつつある社員や、協力してくれるベテラン社員への感謝、労いの言葉も忘れないようにしましょう。

社員が小ぢんまりしすぎ

Q サービス業の経営者です。

私は、東京のベンチャー企業で働き、その後、友人と一緒に独立して東京で会社を経営していましたが、両親が高齢になってきたので、東京の会社は友人に譲り、自分は地元に戻り、別の会社を始め、経営しています。

会社員時代も、友人と経営していた会社も、社員は将来独立を考えている人が多く、仕事でチャレンジするのが好きで、やったことがない仕事も面白がり、楽しむ人たちでした。現在、海外で活躍している人もいます。

地元（地方）にも、数は少なくてもそういうチャレンジ精神をもつ人たちもいるはずだから採用しようと思っていたのですが、かなり難しいです。

そんなことを言っていても仕方がないので、来てくれる人を採用し、働いてもらっていますが、皆、正直小ぢんまりしすぎだと感じます。

若手社員(男性)との面談で、「将来、仕事でどうなりたい?」と聞いたところ、「とくにどうなりたくもありません」と言います。この社員は、他の人よりも真面目に働いているので、リーダー的な役割をやってほしいと思っていましたが、「責任が増すのも、自分だけ浮くのも嫌です」と、断わられました。

皆、仕事でチャレンジしたり、責任のある仕事をしたりするよりも、ほどほどの収入で、早く帰れるほうがよいと言います。独身者でもそうで、寂しいです。

もっと成長意欲や夢が感じられる人たちと働きたいと感じます。

社員をどう育てていけばよいのか、あるいは、人種が違うので無理なのか、先々は東京に戻ったほうがよいのかなど、あれこれ考える毎日です。

A 経営者からは、「小ぢんまりしすぎ」と感じられても、社員は、これまで経営者とはまったく異なる環境で、違う人生を送ってきており、価値観、考え方が異なるのは当然です。
もしかしたら、職場とは別のことに夢やチャレンジ精神をもっているのかもしれません。聞いてみないと分かりませんし、聞いても、信頼関係ができていない人には言わないかもしれません。

課題は、次のことです。

・社員に仕事でチャレンジ精神、成長意欲や夢が感じられない
・チャレンジするのが好きで、面白がり、楽しむ人たちと働きたい

社員に単に「仕事でチャレンジ精神を持て」「成長意欲や夢を持て」などと言っても、「余計なお世話」であり、「厄介で面倒なことを押し付けられる」と感じ、拒否されてしまうでしょう。

社員に抵抗なく、徐々にそういう環境にしていく方法を考えましょう。
まずは、職場の雰囲気をできるかぎり軽く、明るくし、受容力を高めます。
受容力を高めるとは、さまざまな立場、働き方、価値観、考え方の人も広く受け入れるということです。

すなわち、経営者自身が「思考のコントロール——三重丸」（P43）の「2　少し違うが許容可能」範囲を拡げるのです。

「心理的安全性（サイコロジカル・セーフティー）」（P90）を確保し、さまざまな立場の社員が安心して本音を言え、気軽に楽しくチャレンジできる環境を作ります。

そして、経営者が社員をよく観察し、この人たちの働きが人（お客様、他の社員など）の役に立っているとか、この行動はある意味、チャレンジかもしれないと思ったら、すかさず、具体的かつ率直に感謝の言葉を伝えるようにしてください。

「○○さんと△△さんが、いま～をしてくれたので、お客様が待つ時間が短縮されて助かりました。ありがとう」

その際、できれば、一人を褒めるよりも複数を一緒に褒める、違う人も万遍なく褒めるほうが、「浮かない」のでよいと思います。

さらに、ミーティングで、社員同士が、「○○さんの働きで助かった」という発表をしてもらってもいいですし、現場における小さな提案を出して、気軽にトライしてもらうのもいいと思います。

「心理的安全性」を高めるために、ときには、ゲーム的に皆が自由に「夢」を語る集いなどを行なってもよいと思います。

たとえば、私は「火星にピザ屋を出す会」というイベントを行なっています。これは、参加者同士、空想でもいいので「野望」を語る会です。火星にピザの店を出すほど荒唐無稽、いっけん無理に感じることでも、まずは言葉にして語っているうちに、固定観念が外れ、実現可能性が見えてくるというものです。

仕事以外の社員の活動、夢なども伺い知ることができ、皆で応援、協力し合おうという雰囲気になれば、一体感が生まれ、活き活きと働けます。

もうひとつは、「仕事でチャレンジするのが好きで、面白がり、楽しむ人たち」を、他の地域から引っ張ってくることです。

同じ場所にいなくてもできる仕事ならすぐにでも可能ですし、来てもらう必要がある仕事なら、来てもらうことも考えてください。

「チャレンジでき、面白く、楽しい仕事・職場なら、どこにでも行く」という人たちは実際いますので、日本中、世界中から、そんな人たちを呼べばいいのです。

経営者、そして仕事・職場に、それだけの魅力があれば呼べるでしょう。それも経営者のチャレンジだと言えます。


経営者自身が、明るく、軽く、楽しそうに仕事にチャレンジし、失敗してもやはりそうしていれば、社員もだんだん感化されていくはずです。

これまで社員の周囲にそういう人がいなかったので、イメージできなかっただけで、経営者や他の地域のチャレンジャーの存在を知り、実際に接することにより、よい影響をもたらすでしょう。

経営者が声を荒げてもよい場合

アンガーマネジメントは、怒らないことではなく、怒ってもよいのですが、怒るときは感情をぶつけず、穏当な言い方で伝えることを推奨しています。

経営者の場合、社員への叱り方は、相手が理解しやすく受け入れやすいよう、穏やかに伝えることが基本です。

けれども、次のような場合は、経営者が声を荒げてもよいのではないかと、感じました。

ひとつは、ある会社の会議に参加したときです。

その会社の顧客は、中高年の女性なのですが、ある男性社員の報告のなかで、半分冗談めかした言い方で、中高年の女性をバカにしたような言い回しがありました。笑う男性社員もいましたが、女性社員は皆不愉快そうにしていました。オブザーバーとして会議を聞いていた私も、不愉快に感じました。

そのとき、その会社の社長(男性)が立ち上がり、声を荒げて、「お客様を侮辱するような発言は、冗談でも許せません。そういうセンスの人とは、一緒に仕事はしたくありません」と言い切ったのです。

もうひとつは、あるお店での出来事です。

そのお店は、サービス業ですが、お客様(男性)が、スタッフの女性に対して大声で侮辱するような言い方をしたのです。明らかに八つ当たりでしたが、ひどい言われ方に、若いスタッフの女性は涙目になっていました。

そのとき、たまたまそのお店にいた経営者(女性)が、お客様のほうにつかつかと歩み寄り、声を荒げて、「たとえお客様でも今の発言は聞き捨てなりません。私は、ここを経営している者ですが、大切なスタッフにそのような言い方をされては困ります。今おっしゃったようなことはあり得ません。謝ってください」と毅然とした態度で言ったのです。

前者は、スタッフによる顧客への侮辱的発言、後者は、顧客によるスタッフへの侮辱的発言でしたが、いずれの経営者もその企業の大切な存在への暴言が許せなかったのです。

前者は、当該社員はすぐに謝罪しましたが、後者は、顧客は謝らず、無言でお店を出て行きました。

このように、企業にとって重要な価値観に対しては、それを否定する者に対して、経営者が少々声を荒げても問題ないと思います。

いずれも、経営者の思いがスタッフに伝わったはずです。

CHAPTER 7

こんなとき、どうすればよい？
——他人の怒り

怒る他人は変えられない？

アンガーマネジメントは、基本的に、自分が変わるためのものであり、他人を変えるためのものではありません。

誰かが怒っているとき、その人は、その人を守るために、その人の「べき」「意味づけ」で怒っているのであり、怒る自由はその人にあります。

もし、その「意味づけ」が、事実とは違う「思い込み」である場合、それを伝えることはできますし、事実である場合も、理由を説明したり、謝罪したりもできますが、それでも、その人の気持ちは本人にしか変えられません。

仮に、その人が気持ちを切り替える場合でも、かかる時間は、ケースによって異なります。

「なんだ、私が誤解していたのか。ハッハッハ」「そういうことであれば、仕方がない。次回からは注意して」と、すぐに受け入れ、気持ちを切り替えられるケースもあれば、「すぐには信じられない」「もし、今回のことが思い込みであったとしても、これまでの怒りは簡単に消せない」ということもあるでしょう。

怒っている人は、どんな「第一次感情」（P35）をもっているのか、どういう「べき」「意味づけ」で怒っているのか、イメージしてみましょう。

それがもしあなたとは異なり理解しがたくても、その人はこれまでの人生、環境からそういう結論に至っており、そう思うのはその人の自由といえるでしょう。

逆に言えば、あなたにとって、あなたの「怒り」「気持ち」も、「べき」「意味づけ」も、あなたの自由です。それらは、あなた以外の誰にもコントロール（支配）できず、あなただけがコントロールできるのです。

ですから、もし、「あの人はいつも文句ばかり言って本当に腹立たしく疲れる」という場合でも、巻き込まれる必要はなく、「あの人がいくら文句を言っても、私はやるべきこと、やりたいことをやって、楽しく過ごせる」のです。

ネットに事実と違うことを書かれた

Q

飲食業を営む経営者です。

ネットの掲示板に事実と異なるクレームを書かれました。

スタッフに聞くと、思い当たることがあるといいます。

あるお客様が、当店ではやっていないメニューを希望したので、やっていない旨を伝えたところ、「以前はやっていたはず」「何で勝手にやめたのだ」「今すぐ作れ」などと食い下がったとのことです。

以前からそのメニューはやっていなかったので、スタッフが「他店と勘違いされているのではないでしょうか」と言ったところ、「こんな店の店員のお前ごときに何で恥をかかせられなければならないのか」と、メニューを投げつけて帰ったらしく、多分その人ではないかとのことでした。

対応したスタッフは、「私の対応が怒らせた」と、青ざめており、また、店長もこの件を私に伝えていなかったことに責任を感じています。

スタッフ、及びネットに対して、どのように対応したらいいでしょうか。

A

まずスタッフの責任とは感じられません。

そのため、たとえば、次のような声をかけるとよいと思います。

「いろいろなお客様がいて、なかには今回のような方もいますが、いつも接客対応ありがとう。書き込みをした人がその人であっても、決してあなたの責任ではありません。あなたの対応は、スタッフとして何も間違った点はなく、心配不要です」

また、店長に対しても、基本は任せている旨と、情報共有について伝えるとよいでしょう。

「今回の件は、たまたま思い当たるだけで、その人とは限りません。いろいろなお客様がいるし、対応も報告もあなたに任せています。これまで精一杯やってくれていると思っています。しかし、もし気になることがあり、情報共有しておいたほうがよいと思えば、次から報告してください」

ネットに関しては、さまざまな人が、それぞれの価値観、考え方、受け取り方で自由に書くため、基本、あまり神経質にならなくてもいいと思います。

もちろん事実と違うことを書かれているので、誤解が起きないよう、できることがあれば対処したほうがよいでしょう。

お店の公式サイトや店舗で、事実が確認できればそれでも構いません。

人の書き込みは、悪意がなくても、勘違いや古い情報で、事実と異なっていることは多々ありますが、いちいち対応するのも難しいです。

むしろ、可能でしたら、ひいきにしていただいているお客様や関係者などに、書き込みと関係なく、ネットに「よい情報」を流してもらえるよう、お願いするとよいでしょう。とくに、責任を感じているスタッフを応援する内容であれば、心強いはずです。さらに、実際にスタッフに励ましの声をかけていただくとよいでしょう。

よくお客様を怒らせる営業担当

Q 製造業を営む経営者です。

顧客は法人ですが、営業担当のなかによくお客様を怒らせる人がいます。

その担当者は、お客様から納期や条件面など聞かれたときに、会社に確認せず、安易に「大丈夫です」と返事をしてしまい、後で大丈夫ではないことが分かっても、先方にそれを連絡していなかったことが、これまで何度かありました。

その度ごとに、上司は「これからは必ず確認してね。お客様も会社もどちらも困るから」と言い、「はい、分かりました」と言うものの、改善はされません。

とくに、強い口調で無理なことを言うお客様に対して断われず、それを会社にも伝えられず、お客様にも会社にも嘘をついていたこともあります。

当然、お客様も社内も怒らせることになりますが、ただ「すみません、すみません」と言うだけで、困っています。

A この担当者の行動は、「相手からよく思われたい」「相手に悪く思われたくない」「相手から嫌われたくない」という心理から来ています。

会社に確認したり、断わったりするよりも、相手にすぐ「大丈夫です」「できます」と言ったほうが喜ばれると分かっているため、その期待に応えようとしているのです。

もちろん、後からその期待を裏切ることになるのですが、「今」「その場」のことで精一杯で、後のことは考えられない、考えたくないから考えないのです。

相手が顧客、とくに強い口調の顧客に対し、従わないことが恐いのです。

このような場合、「なんで確認しないのか」「なんで嘘をつくのか」と責任を追及しても、ますます責任から逃れようとして嘘を積み重ねる結果となります。

この人にとっては、その場で自分を守ることが最優先事項です。会社に来なくなったり、窮地に立たせた上司やお客様を逆恨みしたりすることもあります。

この担当者のような場合、上司や同僚が一緒に具体的な解決策を考え、サポートするしかありません。

他の営業担当が、どう対応しているのか、どのような言い方をしているのか、知ることにより、安心できるはずです。ロールプレイングしたり、同行したりして、徐々に慣れてもらいましょう。

また、他の営業担当者も、お客様によい顔をしたいし、断わりづらいのは同じですので、仕組みとして何か改善できることがないかも検討するとよいと思います。

嘘をつく、誠実ではないなど、問題がある社員に辞めてもらうのも手ですが、仕組みを変えることで改善でき、他の社員にとっても働きやすくなることもあるため、その方法を探してみてください。

お客様が怒る理由

お客様が怒るのは、明らかにこちら（会社、店舗側）のミス、責任の場合もありますが、お客様の勘違い、誤った解釈の場合もあります。

後者の場合も、多かれ少なかれ、そのように勘違い、解釈されてしまう、こちらの不親切さから来ていることもあります。

また、いわゆる「八つ当たり」「言いがかり」や、「無理強い」から来ている場合もあります。

いずれの場合も、お客様の怒りには、第一次感情（Ｐ35）があり、自分の「べき」「常識」「期待」が否定されたので、怒っているのです。

さらに、お客様はスタッフよりも「立場が上」だと認識しているので、感謝の気持ちを忘れないことや、プライドを傷つけないことも考慮する必要があります。

お客様の怒り、クレーム(苦情、問題点の指摘)は、お客様の気持ち、第一次感情、「べき」「常識」「期待」を考えながら、静かに話を聞きます。

その際、「いつ、どこで、誰に、何が起きたのか? 誰が関与し、なぜ、起きたのか?(6W)量、コストは? どのようにしたいのか?(3H)」を念頭に置いて、客観的な「事実」と「思い込み」、お客様の「気持ち」と「欲求」を整理しながら聞ければよいでしょう。

対面の場合、お客様に事前に「大切なことですので、メモを取らせていただきます」と断わってからメモを取ります。

そして、お客様が落ち着いたら、改めて丁寧に謝罪をした後、お客様の要望も考慮しながら、「このようにさせていただくのはいかがでしょうか」と、対応策を相談しましょう。お客様の要望が分からない場合、「どのようにさせていただければよろしいでしょうか」と尋ねましょう。

「言いがかり」や「無理強い」の場合も、社内の規定に沿って、丁寧に対応します。

怒りを表に出さず、静かに離れていくお客様のほうが多いため、個々のお客様の対応に加えて、今回、クレームにつながった原因についても確認し、スタッフの対応、商品、サービス、システムなど、関連する改善策も考えます。

お客様の怒り、クレームは、ゼロにはなりません。ミスは発生しますし、お客様の「べき」はさまざまで、期待に応えられないこともあります。

お客様に怒られると、パニックになったり、「私の担当ではなく、私の責任ではありません」と言い返したりするスタッフもいます。

一人ひとりのスタッフが、その会社、店舗を代表しているなどの考え方や対応について、クレーム対応研修などで学んでもらうとよいでしょう。

CHAPTER 8

こんなとき、どうすればよい？
――プライベート

息子に跡を継がせたいが……

Q

地方（県庁所在地）で、建設業の会社を経営している男性です。

昨年、還暦になり、そろそろ事業承継の準備を始めたいと思っています。

子供は2人で、35歳の息子と32歳の娘です。

息子は、東京で大企業に勤めており、妻と小さな子供が2人います。

娘は地元の近くの大都市で別の大企業の支社に勤めており、独身です。

私としては、息子は修行のために他社に行かせているつもりであり、そろそろ地元に戻って、自社に入ってほしいと思っていますが、「それは無理」と言います。

息子が勤めている会社はサービス業で、毎日バリバリ働いているうえ、建設業に興味はなく、生活が変わるのは家族ともども困るとのことです。

息子が大学卒業後、この会社に勤めた際、やがて建設業の会社に転職し、修業し、継いでもらうことを、息子も同意していたのに腹が立ちます。

むしろ、娘が、「私が跡を継ごうかな」と言っていますが、本気かどうかは不明です。娘が働いているのも建設業とは関係のない業種ですし、女性に建設業はどうかという気持ちと、会社など継がずに結婚してほしいという気持ちが大きいです。

会社は、これまで誰かに跡を継がせる考えはなかったため、後継者にふさわしい人材は育っていません。

なかなかうまくいかないものだと、腹が立ってきます。

A

後継者に関する選択肢は、次の通りです。

・息子
・娘
・別の人(社内外)

息子さんは、今現在は、継ぐ気も、帰ってくる気もなく、別の人生を歩んでおり、今後の可能性もあまり考えられません。客観的に考えると、難しいと思います。

娘さんは、どこまで本気か分からないので確かめる必要があります。

もし、本気であり、強い意志があるのなら、別の建設業の会社で働いてもらい、その後、家業を手伝ってもらってもいいかもしれません。

仕事と結婚は切り離して考えたほうがよいでしょう。

また、建設業で女性の経営者もいるため、本人に強い意志があり、経営手腕を身に付けてもらえば問題はないと思います。


社内は、後継者にふさわしい人材は育っていないという認識ですが、もし、娘さんが継ぐとしても、右腕になる人を育てる必要はありますし、今現在でも、経営的視点で事業を見ることができる社員を育てる意義はあります。


たとえ、自分の子供であっても、自分とは別人であり、考え方、価値観、「べき」は異なります。ましてや、その人の人生を支配することはできません。

ビッグクエスチョン「自分にとっても周りの人にとっても長期的に健康でいられるためには」という視点で考えるしかありません。

妻が文句ばかり言いはじめた

Q 40代の経営者(男性)です。40代の妻と、20代後半から二人三脚で会社をやってきました。子供はいません。

当初から従業員はいますし、ある程度、売上も上がっていますが、結局、肝心なことは妻と二人で決め、やってきて、二人ともほとんど休みなく働いてきました。

家での会話もずっと仕事のことばかりですが、二人とも仕事しかしていないし、仕事のことがいちばん大事で、決めなければいけないことは次々と出てくるので、そんなものだと思っています。

しかし、最近、妻が文句ばかり言うようになりました。

「いつまでこんな生活が続くのか」「死ぬまで働くのか」「もう飽きた」「青春を返せ」「私の人生って何」「幸せって何」「私の存在って何」などとブツブツ言います。

こちらが「疲れているのかも。少し休めば」とか、「具体的にどうすればいいの」

と言っても、「分かっていない」と、ますます怒ります。これまで妻も納得して一緒にやってきたと思うのですが、突然、思春期の子供のようになり、一方的に責められるのは、裏切られたような気持ちで一杯です。

A

思春期というよりも、むしろ、「ミッドライフ・クライシス（中年の危機）」「中年の思春期」と呼ばれる状態かもしれません。

40代頃に、「自分の人生はこのままでいいのか」「もっと他の選択肢があったのではないか」と、人生に対する不安や焦りが出てくることです。

心理的な余裕が出てきて、毎日同じような、仕事で忙しいだけの生活に疑問を感じたのでしょう。ある意味、何らかの変化、新しい刺激、新しい方向性、新しい目標、新しい結果を求めているのかもしれません。そのため、急に体を鍛え出す人やマラソンを始める人、習い事を始める人もいます。

あるいは、これまでずっと我慢してきた気持ちが、何かをきっかけに溢れ出てしまったのかもしれません。

それが具体的に何なのかは、言ってもらわないと分かりませんが、他の人にとっては些細なことが、本人の心にずっと引っかかっていることはあります。

怒りは、身近な相手ほど強くなるという傾向をもっています。

これは、甘えもありますし、「自分のことを分かってくれている」「期待に応えてくれるはず」という思いがあるので、そうでない場合、「なぜ分かってくれないのか」「なぜ期待に応えてくれないのか」という気持ちが強くなるためです。

もちろん、身近な相手であっても、期待や、心に引っかかっていることは伝えてもらわないと分かりません。

たとえ気持ちをぶつけられることになっても、長い人生、そういうこともあると思い、かけがえのないパートナーとして、「話は何でも聞くし、受け入れる」という態度で臨んでください。

会社員の夫とは分かり合えない？

Q

40代の経営者（女性）です。夫は40代で会社員です。20代の息子が、インディーズバンドでベースを弾いており、別の場所で暮らしています。

私が独立起業したのは、そもそも「自分のペースで仕事がしたかったため」と、「長く仕事を続けたかったため」で、「お金を稼ぎたい」とか、拡大志向は一切なかったのですが、いろいろなご縁で現在いくつかの事業を経営しています。

最近も、海外での事業のお声がかかり、準備をしているところです。

このような新規事業や、事業に関しては、もちろん自分ですべてを判断して決断を下しているのですが、夫と話をできないのが残念だと時々感じます。

独立した20代の頃は、夫からすると「小銭稼ぎのアルバイト」のようなもので、仕事の相談に乗り、応援もしてくれていました。

けれども、そのうち、私が何かにチャレンジしようという際、「危険だからよせ」

と反対するようになりました。

心配してくれているとは思ったのですが、私からすると、リスクも少なく自信もあったので、相談せず、単独で進め、結果としてうまくいっています。

今も、私が「ああ、疲れた」と言ったり、書類を見ながら首をひねったりしただけで、「もう商売はやめろ」「そんなにずっとうまくいくはずがない」などと言われるので、家でも気が抜けません。

息子のことに関しても、「就職もせず、落伍者になってしまった」などと言います。

夫婦で事業を行ない、苦楽を共にしている人が、時々、羨ましく感じます。

A

考え方、価値観、「べき」は一人ひとり違います。

この場合、チャレンジが「危険」「ずっとうまくいくはずがない」というのは、あくまでも夫の考えですが、夫にとっては、それが「正解」なのです。

妻にとっての「正解」は、「リスクも少なく自信もあった」です。

それぞれの「正解」を戦わせても不毛なだけです。

「正解」を否定されるのは、お互いに、「私の気持ちをないがしろにされた」「私のルールが侵害された」「私が粗末に扱われた」「私の存在が無視された」「私の時間、労力、お金がムダになった」と感じるだけです。

身近な相手の場合、考え方、価値観、「べき」は一人ひとり違うと、頭で理解できていても、心では納得がいかず、許せないということになりがちですが、許容度を高めるしかありません。

そもそも人に好意をもつ場合、「共通点に親しみを感じた」ことに加え、相手に「自分にはない良さを感じた」こともあります。

それが、やがて、「共通点」は当たり前になり、「自分にはない良さ」は、別の側面が見え、「良さ」とは感じられず、嫌いになっていきます。

たとえば、相手の「まじめさ」が「融通が利かない」に、「マイペースさ」が「自己中心的」に、「楽しさ」が「軽薄さ」に感じられるのです。

相手が変わったのではなく、自分の受け取り方が変わったのですが、相手に「裏切られた」ように感じてしまいます。

夫が会社員で、妻が経営者で、立場は違いますが、親しみを感じる共通点も、それぞれの良さもあるはずです。

「分かり合えない」部分にフォーカスすれば、次々とその事例が出てきて、残念な気持ちになるため、「分かり合える」部分にフォーカスしてください。

また、夫が否定的な発言をする場合、夫の第一次感情も考えてみてください。

身近な相手には6秒待てない？

これまで書いてきたように、親子、夫婦など身近な相手の場合、甘えと期待で怒りは強くなります。

また、身近な相手には、「衝動のコントロール――6秒」（P41）が「待てない」ということもよく聞きます。

これは、「待てない」というよりも、「待ちたくない」から「待たない」というほうが正しいでしょう。もっと言えば、「6秒待ってやるものか」「6秒待って冷静な対応などするものか」という気持ちだったりします。

その裏側には、本人が意識しているかどうかに関わらず、相手を自分のコントロール（支配）下におきたい、自分の思い通りにしたい、「相手が自分の言うことを聞くのが当然だ」という気持ちがあります。

また、逆に、相手のコントロール（支配）下には置かれたくない、「相手の言うことなど聞くものか」ということから、「6秒待ちたくない」気持ちにもなります。

親が子供に対してなど、自分が相手よりも「上」の立場だと思っている場合、相手を自分のコントロール（支配）下に置きたいと思います。

それを表わす言葉として、「言うことを聞きなさい」「言う通りにしなさい」などがあります。

「だって、子供が親の言うことを聞くのは当然でしょう」などと言います。

これに対して、多くの子供は、親の言うことは「聞きたくない」と思っています。保護はされても、支配はされたくないのです。

夫婦の場合も、どちらかがどちらかを支配したい、「言うことを聞かせたい」と思っており、もう一方は、支配されたくない、「言うことを聞きたくない」と思っていることがあります。

また、兄姉が弟妹を、姑が嫁を支配したい場合もあります。

もっとも、どの場合も、当人たちは「支配」とは思っておらず、指導、躾、正しい方向へ導いていると思っています。

体罰やパワハラ、モラハラの場合でも、同様に、そういう意識がなく、指導、躾という認識だったりします。

「なかなか6秒待てない」という場合、じつは相手を支配しようという気持ちが潜んでいないか、確認してみてください。

経営者が社員に対して、上司が部下に対しても、この傾向はあります。

「だって、部下が上司の言うこと（命令、指示）を聞くのは当然でしょう。それが、仕事でしょう」などと言います。

しかしながら、他人はコントロールできません。

「馬を水辺に連れて行くことはできても、水を飲ませることはできない」という言葉通りです。何かを無理やりやらせても長続きしませんし、本人がそう思わないかぎり、他人がその人の考えや価値観、気持ちを変えることはできません。

アンガーマネジメントは、相手を支配し、相手を変えさせるのではなく、自分が変わるという考えです。

「お前、さっさとこれをやれ」という命令ではなく、「私はこれをやってほしい。こうしてくれると助かる」という依頼です。それに応えるかどうかは、基本、相手次第です。

やらない場合、「なぜやらないのだ。早くやれ」と言って怒るのではなく、相手の現状を確認したうえで、「私にできることは何だろう」と考え、行動します。

人は、支配や命令よりも、自分の意志でのほうが動きます。そのほうが仕事の生産性も高まります。

経営者は孤独？

「経営者は孤独」とよく言われます。

社員、家族とは立場が違いますし、仕事、とくに自分の事業に対する責任感、危機感、真剣さ、ストレス、プレッシャーなどは、他の立場の人にはなかなか理解してもらえません。同じ経営者同士でも、それぞれの会社の状況が違っているため、すべてを分かり合えるわけではありません。

どのようなときでも、事業における最終的な決断は自分で行なうしかありません。

しかしながら、経営者にかぎらず、そもそも人はそれぞれ違うのです。

似たような立場、状況であっても、そこに至るまでの人生は違っているし、もっている能力、性格、物事の受け取り方も違います。経営者ではなくても、仕事や何かに対して、ストレスやプレッシャーを感じている人はいます。

「自分の大変さは分かるまい」という意味で、「経営者は孤独」と言っているのなら、それはある意味、甘えです。

経営者が、社員や周りの人を、立場や役割は違っていても、「仲間」だと思えば、決して「孤独」ではないのです。

日本は、以心伝心、気づかい、察することに価値を置く傾向があり、相手に正確に伝えること、いちいち言う、言われることを好みません。

しかしながら、皆、自分なりの捉え方、伝え方、聞き方があり、誤解やズレは当たり前です。相手の考え、気持ちを確かめる必要がありますし、自分の考え、気持ちを伝える必要があります。

経営者は、自分の考え、気持ちを、社員や周りの人に、相手が分かるように伝え、社員や周りの人の考え、気持ちをもっと聞く必要があります。

そのうえで、「仲間」として、それぞれができること、やりたいことで力を発揮してもらい、自分もやるべきことに集中すればよいと思います。

おわりに

「アンガーマネジメントは人生をイージーモードにすることができる手段です」と、日本アンガーマネジメント協会　安藤俊介代表理事の著書『怒りが消える心のトレーニング＝図解アンガーマネジメント超入門＝』（ディスカヴァー・トゥエンティワン／２０１８年刊）に書かれています。

イージーモードとは、ゲーム用語で簡単な設定のことで、ノーマルモードが普通、ハードモードが難しい設定です。

すなわち、アンガーマネジメントという手段を使えば、人生が簡単、楽になるということです。

なぜ、楽になるのか？

アンガーマネジメントで、人、物事に対する受容度、許容度が高まるからです。

受容度、許容度が高ければ、自分とは違う考え方、価値観の人に対して、「そういう人もいる」「人は、それぞれの考え方、価値観で生きている」と考えられます。

そう考えられれば、腹は立ちませんし、組織などでも、むしろ「いろいろな人がいるから面白い」「お互いにカバーできる」「いろいろな意見が出ると、企画の中身が深まる」とプラスに捉えられます。

しかし、受容度、許容度が低ければ、自分とは違う考え方、価値観の人に対して、「それは間違っている」「そんな考え方、価値観は許せない」「私を否定するのか」「そいつはバカ（アホ）だ」「敵だ」と感じ、怒りが溢れ、人生が難しくなります。

現代は、自分とは違う生き方、立場の人の情報もインターネットを通じて、簡単に入手できる時代です。

同じ組織にも、違う雇用形態、国籍の人が働いていたりしますし、年齢や経験が違うと、常識が異なることもあります。

そういったなかで、自分との違いを受容するのか、拒否するのかで、生きやすさだけでなく、人生の幅、可能性、楽しさも変わります。

「ダイバーシティ」という言葉があります。多様な人材を積極的に活用しようという考え方です。

これまでの戦力の中心「男性、日本人、正社員」以外の人たち、女性、外国人、非正社員、若手、高齢者も戦力にしようというものです。

戦力というと、不眠不休で「24時間戦えますか」というイメージがあるかもしれませんが、そうではなく、働き方にも柔軟性をもたせます。

さまざまな属性の人たちが、それぞれ働きやすいスタイルで働き、力を発揮するという方向です。

経営者が、人、物事に対する受容度、許容度を上げれば、「仲間」が増え、ビジネスの幅、可能性、楽しさも拡がります。

経営者が、「私は孤独だ」と呟きながら、重い荷物を背負って一人で坂を上るのではなく、「仲間」と荷物を分担し、知恵を出し合い、励まし合い、笑いながら坂を上るのです。

そのためにも、アンガーマネジメントを活用してください。

最後に、いつも大変お世話になっている、日本アンガーマネジメント協会の皆様、安藤俊介代表理事、戸田久実理事、事務局・大山葉奈さん、九州支部・池田福美副支部長、木本須賀美副支部長、村上隆昭本部委員、大谷香里さん、高橋佳子さんをはじめとする支部内外のファシリテーター、ツナグバサンカク共同代表の金子マモルさん、そして家族に感謝します。いつもありがとうございます。

＜参考文献＞

『アンガーマネジメントファシリテーター養成講座テキスト』

（一般社団法人日本アンガーマネジメント協会）

『怒りが消える心のトレーニング＝図解アンガーマネジメント超入門＝』

（安藤俊介著／ディスカヴァー・トゥエンティワン）

『アンガーマネジメント　叱り方の教科書』

（安藤俊介著／総合科学出版）

『フィッシュ！‐鮮度１００％ぴちぴちオフィスのつくり方』

（スティーヴン・C・ランディン、他2名著／早川書房）

『魚が飛んで成功がやってきた‐ＦＩＳＨ！の社長が自ら明かす活きのいい組織のつくり方』

（ジョン・ヨコヤマ、ジョセフ・ミケーリ著／祥伝社）

著者：川嵜 昌子　（かわさき・まさこ）

一般社団法人日本アンガーマネジメント協会認定アンガーマネジメントコンサルタント。

2018年より九州支部支部長。

長崎市生まれ。東京の一部上場の出版・経営コンサルティング会社で、経営者向け雑誌・ウェブマガジンの編集長、コンテンツ開発局長、チーフコンサルタント等として26年間働いた後、2010年にコンサルタントとして独立。

5000社以上の経営者を取材、コンサルティングするなかで、感情のマネジメントが成功の鍵であることを確信。アンガーマネジメントの研修、講演、相談を、全国で行なっている。

前著に、『アンガーマネジメント　管理職の教科書』（総合科学出版）がある。

Webサイト: 怒りと上手に付き合おう〜アンガーマネジメントのすすめ
https://angermanage.info

アンガーマネジメント　経営者の教科書

2019年2月1日　第1版 第1刷発行

著者	川嵜 昌子
カバー・本文デザイン	萩原弦一郎（DIGICAL）
印刷	株式会社 文昇堂
製本	根本製本株式会社

発行人　西村貢一
発行所　株式会社 総合科学出版
〒101-0052　東京都千代田区神田小川町 3-2 栄光ビル
TEL　03-3291-6805（代）
URL：http://www.sogokagaku-pub.com/

Printed in Japan　ISBN978-4-88181-871-8

アンガーマネジメント
管理職の教科書

川嵜昌子／著

ISBN978-4-88181-865-7
定価：本体 1400 円＋税

男女の違い、上司・部下といった立場の違いから生まれる怒りはさまざま。
アンガーマネジメントで自分と相手の「怒りの感情」をコントロールして、よりよい人間関係を構築し、仕事の生産性を向上させよう！

CHAPTER 1　リーダー、マネジャーにありがちなイライラ
CHAPTER 2　アンガーマネジメントとは
CHAPTER 3　怒る側と怒られる側のギャップ
CHAPTER 4　上手な叱り方をマスターする
CHAPTER 5　男性社員と女性社員では、怒りのツボが違う？
CHAPTER 6　上司への怒り・部下への怒り
CHAPTER 7　相手と自分のタイプも考慮しよう
CHAPTER 8　こんなときどうすればよい？　～上司への怒り
CHAPTER 9　こんなときどうすればよい？　～部下への怒り
CHAPTER 10　こんなときどうすればよい？　～他部署への怒り
CHAPTER 11　お客様からの怒り
CHAPTER 12　自分への怒り